人际的奥秘

曾仕强告诉你
如何搞好人际关系

曾仕强 著

北京联合出版公司
Beijing United Publishing Co.,Ltd.

图书在版编目（CIP）数据

人际的奥秘：曾仕强告诉你如何搞好人际关系 / 曾仕强著 .-- 北京：北京联合出版公司，2015.1（2024.3重印）

ISBN 978-7-5502-3787-2

Ⅰ.①人… Ⅱ.①曾… Ⅲ.①人际关系—通俗读物 Ⅳ.①C912.1-49

中国版本图书馆 CIP 数据核字（2014）第 239735 号

人际的奥秘：曾仕强告诉你如何搞好人际关系

作　　者：曾仕强
出 品 人：赵红仕
选题策划：北京时代光华图书有限公司
责任编辑：王　巍
特约编辑：彭　婷
封面设计：新艺书文化
版式设计：曾　放

北京联合出版公司出版
（北京市西城区德外大街 83 号楼 9 层　100088）
北京时代光华图书有限公司发行
北京晨旭印刷厂印刷　　新华书店经销
字数 217 千字　　787 毫米 ×1092 毫米　　1/16　　14.75 印张
2015 年 1 月第 1 版　　2024 年 3 月第 18 次印刷
ISBN 978-7-5502-3787-2
定价：58.00 元

版权所有，侵权必究
未经书面许可，不得以任何方式转载、复制、翻印本书部分或全部内容。
本书若有质量问题，请与本社图书销售中心联系调换。电话：010-82894445

目 录
Contents

引言 /IX

第一章 首先要了解中国人的特性

第一节 言——模棱两可，言不由衷 /3
听话不如"看"话 /4
"随便"并不随便 /6
不反对并非赞成 /8

第二节 行——谨慎小心，反求诸己 /10
先弄清对方是谁 /10
小心才不会上当 /13
凡事都追求合理 /14

第三节 心——追求圆通，善于自保 /17
圆通而不圆滑 /17
遇事先求自保 /19

第四节　性——爱占便宜，死要面子　/23

就怕吃亏上当　/23
只爱占小便宜　/23
自私又爱面子　/25

第二章　建立人际关系的基本准则

第一节　正视自己　/31

确定自己要做什么样的人　/32
处理好自己和自己的关系　/34
以实实在在为做人的准则　/35

第二节　善待他人　/37

待人需要诚心　/37
待人需要友善　/39
待人需要礼貌　/41
待人需有差别　/42

第三节　三大禁忌　/43

第三章　十大要领是人际关系的催化剂

第一节　一表人才　/50

不要以貌取人　/50
提升第一印象　/52
正确认识自己　/53

第二节　两套西装　/55

外在表现与内在表现同样重要　/55
人的外表应符合社会文化背景　/56

第三节　三杯酒量　/58

爱好并非是坏事　/58
凡事要适可而止　/60
酒桌交际的技巧　/61

第四节　四圈麻将　/62

赢到后来总是输　/63
人际关系要经营　/63

第五节　五方交游　/66

多个朋友多条路　/66
严于律己获益多　/69

第六节　六出祁山　/71

明知不可为而为之　/71
朋友之间可以通财　/72

第七节　七术打马　/74

多说恭维话　/75
少去讨好人　/78

第八节　八口吹牛　/79

要自己肯定自己　/79

让别人来赞扬你　　/80

第九节　九分努力　/81

努力没有用　　/81

运气很重要　　/82

第十节　十分忍耐　/83

会忍才能赢　　/83

欲速则不达　　/85

第四章　良好沟通是人际关系的润滑剂

第一节　沟通的作用　/89
第二节　沟通的现象　/90

先说先死　　/91

不说也死　　/93

说到不死　　/95

第三节　沟通的艺术　/97

使对方听得进去　　/97

要学会察言观色　　/100

站在对方的立场　　/102

第四节　沟通的层次　/103

不沟不通　　/103

沟而不通　　/103

沟而能通　　/105

不沟而通　/106

第五节　沟通的原则　/107

第六节　沟通的方向　/109

向上沟通　/109

向下沟通　/110

平行沟通　/111

第五章　如何处理内部工作关系

第一节　老板如何处理人际关系　/116

老板对自己要严格要求　/116

老板对干部要恩威并施　/120

老板对员工要关怀照顾　/127

第二节　干部如何处理人际关系　/136

不要不三不四　/137

建立主伴关系　/140

要让老板放心　/143

要让员工舒心　/148

要让平级安心　/153

第三节　员工如何处理人际关系　/155

成为受欢迎的员工　/156

学会如何应对上司　/159

要和同事和平相处　/160

第六章 如何处理外部工作关系

第一节 老板的个人公关 /165
注意自身的形象 /165
构建互惠的网络 /166
凡事以义气为重 /167

第二节 企业的分工合作 /168
合并不如合作 /168
分工为了合作 /170
委曲才能求全 /171

第三节 安顾客为了生存 /172
了解顾客的需要 /172
和顾客搞好关系 /174
保持定期的接触 /175

第四节 安社会为了发展 /176
善尽责任带来良好印象 /176
为社会增加就业的机会 /177
在社区营造良好的风气 /178

第七章 家庭关系是终生学习的必修课

第一节 重视家庭 /183
成家是生命意义的传承 /183
家人是生活幸福的源泉 /185

子女是成家立业的动力　　/187

第二节　夫妻和谐　/189

夫妻关系是家庭关系的基础　　/189

夫妻和睦是教养子女的良方　　/191

第三节　孝敬长辈　/193

孝是传统美德　　/193

顺并不等于孝　　/195

敬是孝的根本　　/198

适时回报父母　　/199

心中牢记父母　　/201

第四节　教养子女　/202

亲子关系其实是教养关系　　/202

教养子女从改变观念开始　　/206

父母是亲子关系的主导者　　/212

教育子女要从其立场出发　　/215

养育子女别追求物质奢华　　/217

引言 preface

中国人的思想源自伏羲氏，伏羲氏所创的八卦一直都对中国人有深刻的影响。中华文化是在《易经》的影响下形成的，《易经》的主要思想就是"人本位"，这与西方人所倡导的"神本位"截然不同。西方式的管理始终离不开"神本位"的思想，而中国式管理重视"人本位"，以人为本。

不要以为中国人的言行乱七八糟、模棱两可，如果用《易经》所阐述的道理来考察，就会发现，中国人的所作所为非常有道理。可惜近几百年来，我们经常用西方人的观点和标准来考察自己的行为，因此才会认为中国人的一切都是乱七八糟的。更有甚者，喜欢拿中国人的缺点与西方人的优点去对比，因而更觉得中国人一无是处。

这些做法大错特错。如果真要比较世界各个民族的优劣，首先要有一个公平的标准，不能拿自己的缺点去跟别人的优点比。这样做，不但有失公平，而且容易导致我们丧失自信心。

中国人有一套自己的东西，这些东西别人学不去；我们也不能去学别人，否则只会自讨苦吃。所以，我一直强调，管理中国人要靠中国式的管理，而中国式管理中最重要的部分，就是人际关系的管理。

正因为中西方的人际关系大不相同，才导致中西方的管理大相径庭。西方的人际关系建立在平等的基础上；中国人则普遍认为人与人是不平等的，如果人人讲平等，那就是没大没小，而中国人非常讨厌别人没大没小。

现在有个怪现象，很多人喜欢看书，但是看的书越多，自己越倒霉，因为他们看的都是西方人写的书：西方人的技术是值得学习的，魏源提出的"师夷长技以制夷"的观点并没有错，科学无国界。可是与文化有关的东西，就要非常小心，否则很容易掉入西方文化的"陷阱"，离中国的实际越来越远。如果这些人从此生活在西方人的环境中，那问题不大；如果继续生活在中国人的环境中，就会发现自己时时吃亏、处处碰壁，这就好比在清朝末期，很多人留着长辫子却穿西装，到哪里都显得不伦不类。

中西方的人际关系大不相同

人际关系对任何人来说，都是十分重要的课题。宇宙万物之中，人类的关系最为复杂，而且各地的风土人情不同，人际关系的表现也不一样。

一般而言，西方的人际关系以个人为主。西方人认为，社会由个人构成，个人自由独立，但是必须加以适当的规范，也就是实施法治，才能够维持整体的秩序。人人在法律许可的范围内自由、平等、独立，是西方的人际基础。

中国的人际关系以伦理为主。中国人认为社会固然由个人所构成，但是个人却很难离开社会而生存，个人的自由实际上相当有限。人与人的互动，也不能完全由法律来控制。人人在法律许可的范围内，衡情论理，以伦理来弥补法律的不足，才是我们的人际基础。

正因为中西方的人际关系基础不同，所以二者的人际关系存在很大差别，了解二者的差别，有助于认清我们的人际关系。中西方的人际关系差别如下：

第一，西方的人际关系是"神本位"的，中国的人际关系是"人本位"的。西方人认为上帝高高在上，所有人都是上帝的子民。中国人则不同，伏羲氏一开始就让我们认识到，宇宙之间最了不起的不是神，而是人。既然如此，我们为什么非得弄一个神来做自己的主宰呢？

中国人没有自己的宗教，所有的宗教都是外来的。中国人只崇拜自己的祖先，而不去拜什么神——中国人不拜神、拜佛，而只礼神、礼佛，就是看到神、佛时，走过去打个招呼，如此而已。

第二，西方人以个人为单位，中国人以家庭为单位。西方人看到一个小孩，通常会直接问他叫什么名字；中国人看到一个小孩，通常会问他是谁家的小孩。中国人会根据小孩的爸爸来判断他的品性，而不是根据他自己。同理，要是小孩做错事，人们也通常会把错误归到他父母的头上，责怪他们不会教育小孩。

第三，西方人重视平等，中国人重视合理的不平等。西方人可以直呼爸爸的名字，因为大家是平等的。而在中国，这样做就是不孝，是忤逆。中国人不认同西方人那种"人生而平等"的观点，而认为人一出生就不平等，而且是合理的不平等。合理的不平等，大家都能接受。但是，过分的不平等，我们就会反抗。中国人不相信绝对的平等，资源有限，机会太少，怎么可能绝对平等？

人与人之间合理的不平等所体现的正是中国人的伦理。爸爸与儿子、上司与下属、老师与学生……永远有高低上下之分，不可能站在同一水平线上。没有哪个中国人敢站在上司面前说："我和你是平等的，所以你也要听我的话。"中国人对上的态度和对下的态度不同，你对下属敢讲的话，不一定敢对上司讲，这是很正常的。对上级是一种说法，对下级是另一种说法，这就是伦理的体现。

第四，受"神本位"的影响，西方人只讲权利和义务，而中国人讲彼此对待。西方人就算父子之间也是权利和义务的关系——儿子18岁以前，靠父母养活；18岁以后，就得靠自己。中国人不看重权利和义务，如果中国的父母一等孩子长到18岁就让他自生自灭，会被别人视为狠心的父母。

中国人所重视的彼此对待，就是说：你对我好，我没有理由对你不好；你对我不好，我也不会对你好。中国人会将心比心、投桃报李，这与权利和义务没有任何关系。在西方的企业里，上下级之间也只是权利和义务的关系，你是我的上级，我就会按照规定向你报告。中国人却不这样，你虽然是我的上司，但我不认同你的时候，我就不会向你报告，你要是强迫我报告，我就会敷衍了事。

第五，西方人重视法律，中国人重视道德。西方的法律规定很明确，而且执行得很严格，完全没有人情可言，也没有任何弹性。从理论上讲，法律不应该有弹性,但是没有一点弹性的法律在中国很难执行。

自古以来,中华民族不是靠法律约束的民族。古时候,法律的效力是有限的,虽然说"王子犯法,与庶民同罪",但这只是理想状态,实际上很少这样执行,多数是"刑不上大夫"。在民间故事中,即便是包公这样一位刚正不阿的典范人物,也只是"打龙袍"而不是打皇帝。

中国人一般不遵从什么戒律,但是提倡典范,重视道德。"君子爱财,取之有道","大位有德者居之"……以"八荣八耻"为主要内容的社会主义荣辱观同样是道德劝说,国家并没有立法强制国民执行。

道德是看不见的约束力,而法律是看得见的约束力。一个中国人,如果不讲良心道德的话,是很难在中国生存发展的。中国人不重视有形的东西,凡是有形的东西,对中国人来说,迟早都会变成形式化的东西。我们只靠无形的东西彼此约束,约束别人,也约束自己。

第六,西方人之间充满好奇,中国人之间充满关怀。西方人对人和对动物的态度是一样的,因为西方人认为人就是动物,彼此之间只有好奇。在西方社会,青年男女之间往往产生好奇就可以同居,一旦失去好奇,双方就会分开。中国人则较难做到这一点,因为人与人之间不应该好奇,而应该相互关怀。

西方人很有礼貌,一见面就会亲切地同你打招呼,但他一点也不关心你。中国人不注重礼貌形式,但是很关心你。看到你嘴巴肿了,中国人会直截了当地问:"嘴巴怎么肿了,是不是上火了?来,吃点药吧。"西方人不会看到你的嘴巴肿了,看到了也会视而不见,只是问候你:"你好吗?"而你也清楚,就算抱怨几句自己很不幸也无济于事,因为他并不关心你。此时,就算你疼痛难忍,也只能说:"我很好,谢谢。"

西方人不关心别人,也不希望别人关心自己。中国人以尊老爱幼为美德,而西方人并不如此。你看到西方的老人走路比较吃力,去帮他,他反而会不高兴。他的看法是,我有能力处理自己的事,你少操心,你帮我就是看不起我。

第七,西方人之间自然而然地会产生距离,而中国人常常是亲密无间的。西方人重视隐私权，彼此之间保持着戒心，所以会很疏远。而中国人有很强烈的认识对方的欲望，"一回生，两回熟，三回见面是朋友"，这样慢慢地由不认识到相互了解，再到亲密无间。

人与人之间是要先建立信任才能共事的，你不相信别人，就无法与其合作。西方人之间建立信任靠的是法律的保障，双方在合作前会签订合同，只要稍有不轨，就会受到法律的制裁。中国人之间建立信任靠的是心意的传递，靠的是相互的了解。所以，中国人一见面就会"套近乎"，问东问西，这在西方是绝对不允许的。

第八，西方人之间是利害关系，中国人之间是势利关系。很多人都认为，中国人看重利害关系，其实错了，西方人才重视利害关系。在西方，国与国、组织与组织之间完全是利害关系，没有任何道义可言，个人之间也是如此。

而中国人是很势利的。利害与势利有很大的不同，举个例子，公司里有一个员工，表现很不好，公司马上把他辞退，这是利害。员工表现虽然不好，但是他有后台，辞退他会惹来麻烦，所以只能留着他，这是势利。可以说，势利就是复杂的利害。

总而言之，西方的人际关系相对单纯，而中国的人际关系相当复杂，"一着不慎，满盘皆输"。西方人以"二分法"区分事物，对就是对，错就是错；中国人早已摆脱"二分法"的陷阱，我们知道"错，绝对不可以；对，常常没有用"。对错之外，还牵涉是否圆通的问题。我们厌恶是非不分的人，也不欢迎是非分明而不圆通的人，"水至清则无鱼，人至察则无徒"就是这个道理。中国人讲求"在圆通中分是非"，把是非分得大家都有面子，不得罪人，但也不讨好人，人际关系才可能良好。

中国人喜欢拉关系、靠关系。这句话很容易引起人们的误解，进而朝坏的、不正当的、不合法的方面想。有人认为某些人的成功，是讨好别人的结果，而自己的成功是凭本事获得的，甚至公开宣称："我从来不搞关系，我现在的一切，完全是凭真本事得来的。"

事实上，如果一个人毫无能力，是无法完全依靠人际关系而成功的；

但是，一个人即便有高超的能力，如果缺乏良好的人际关系，也不可能成功。在家靠父母，出外靠朋友，说的就是人际关系的重要性。

当然，我们也看到某些人用心营造不正常、不正当的关系，以用来营私舞弊、祸国殃民。这种人际关系所带来的弊端的确使得许多人为之心寒，以致他们认为人际关系只有害而没有利，因此不重视也不研究人际关系。

还有一些人，由于自己不擅长建立人际关系，眼见他人因人际关系而获利，出于嫉妒或不满的心理，而对人际关系产生强烈的反感。

于是，很多人把"搞关系"看成负面的东西，似乎好人从不搞关系，只有心术不正的人才搞关系。这样看待人际关系，自然容易形成偏激的态度。人际关系本身是中性的，运用得恰当，便是良好的人际关系；用错了，当然就会产生不好的影响。行为正当的人对拉关系、套关系，实在不必过分敏感。往好的方面想，反而容易获得良好的效果，何乐而不为？

人际关系需要伦理道德规范

中国人的伦理观念比其他民族发展得都早，而且也最完善。孟子说："使契为司徒，教以人伦：父子有亲，君臣有义，夫妇有别，长幼有序，朋友有信。"就是说，父子之间有骨肉之亲，君臣之间有礼义之道，夫妻之间挚爱而又内外有别，老少之间有尊卑之序，朋友之间有诚信之德，这是处理人际关系的行为准则。自古以来，我们制定了形形色色的准则，无非是为了加强对个人的约束，提醒我们除了自己以外，还有各种有关系的人，因而自己的一言一行都要格外谨慎。其中，君臣、父子、夫妇、兄弟、朋友这五伦，是人生不可或缺的，对中国人的言行产生了重要的影响。

既然伦理是处理人际关系的准则，那么我们的人际关系势必打上伦理的烙印。自古以来，我们所建立的是一种罕见的人伦关系，中国人根本没有什么人际关系。而我们一直错误地想把西方的人际关系移植过来，弄得大家的关系愈来愈紧张，愈来愈糟糕。

人伦关系和人际关系最主要的差异在于，前者重视"合理的不平等"，而不是后者所主张的"平等"。西方人认为"人生而平等"，于是发展出一套平等的人际关系。中国人认为"人一出世，就不平等"，就算同一家庭、同一父母所生的子女，在资质方面也不相同，加上出生时家庭的环境、父母的年龄与社会地位也不一定一样，子女们怎么可能平等呢？先天不平等，后天也不可能平等，顶多经过合理的调整，做到合理的不平等。

伦理就是合理的不平等，父父、子子，应该各如其分；君君、臣臣，用现代的话说就是上司、下属各自扮演不同的角色。彼此之间，必须维持"合理不平等"的分寸，而不是"平起平坐"的"不合理的平等"。二者之间的差异，必须慎重拿捏，才不致发生差错，不明不白地遭受"平等"的祸害。

只要把"合理的不平等"这个观念加以端正，很多问题都会解决。我们现在满脑子追求平等，反倒弄得大家很不幸福。人有胖瘦之分，两个人坐在一起，胖的人占的位置自然就大一点，瘦的人就委屈一点。两个人吃一份早餐，喜欢吃的人就多吃一点，不喜欢吃的人就少吃一点，为什么非要一人一半呢？全世界都是相对的平等，没有绝对平等，只是表现的方法不同而已，没有对错，没有好坏。

中国人十分重视做人、做事的道理，人际关系如何基本能反映出做人做得如何。只会做事而不会做人，人际关系搞不好，得罪了许多人，又怎么能够好好做事呢？通过好好做人，来好好做事，这样往往比较有效。

人际关系既是做人的道理，也可以说是做人的技巧。做人讲求技巧，免不了有一些权谋、圆滑、奸诈的味道，会引起很多人的反感。这时候注入伦理道德，可以使权谋变成权宜应变、因理制宜，圆滑变成圆通，而奸诈也变成一种机警。

若是只学做人的技巧，而忽视做人的原则，不但没有成效，而且会被人嘲笑。做人不可以玩弄权谋，许多人误把圆通、应变理解为讲求谋略，其实应该是策略才对。做人做事可以有策略，不可讲谋略。换句话说，一切要求应当正当合理，不应该有不正当的念头。

我们有三个根深蒂固的观念，很不容易改变：

第一，法是死的，人是活的。死的法需要活的人来加以合理运用，而不是不动脑筋地死守法律规章。

第二，天下事好像没有什么是不能变通的，若是变通不了，大多是因为找错了人。只要找对人，变通应该是没有问题的。

第三，法由少数人订立，由一个人修改。这种现象是中国社会自古迄今的一贯精神。一些可以控制别人的人，碰到别人稍有反对意见就加以恐吓、威胁，甚至杀一儆百。

对中国人而言，法不够用。因为中国人不喜欢违法，不做违反规定的事情。但是中国人普遍喜欢动脑筋，做一些法律没有规定的事情。这种情况必须用伦理道德来弥补，才能收到预期的效果。只有大家凭良心有所不为，才有可能加以改变。"夜不闭户"不是靠法律来实现的，而是靠道德达成的。

总的来说，人伦关系的重点，在于"公正"而"不平等"。对上要有礼貌，但不可以谄媚、讨好；对下不宜太严，也不能过分宽松、纵容；与平级同事相处，不必太拘束，也不可以过分熟不拘礼。其中的轻重，必须因人、因时、因地、因事适当拿捏，这样，才称得上"公正"。只有用心体验、不断改善，才能达成良好的人伦关系。

鉴于时下通用"人际关系"而非"人伦关系"，因此，为了便于人们理解及叙述的方便，本书统一使用"人际关系"一词。

第一章
首先要了解中国人的特性

《孙子兵法》说,知己知彼,百战不殆。彼此都是中国人,建立人际关系时,就更需要确确实实了解对方在说些什么、想些什么。

《孙子兵法》说,知己知彼,百战不殆。彼此都是中国人,建立人际关系时,就更需要确确实实了解对方在说些什么、想些什么。

●●● 第一节 言——模棱两可,言不由衷

俗话说,言为心声。中国人的心是难以捉摸的,所以中国人的话常常模棱两可。我们主张"逢人只说三分话",同时又主张"知无不言,言无不尽"。"逢人只说三分话"是对交情不深、关系一般的人而言的,因为人心隔肚皮,知人知面不知心,当然应该小心试探。"知无不言,言无不尽"是对交情深厚、关系密切的人而言的。既然大家亲如一家,也就不需要互相隐瞒。

其实,中国人说"逢人只说三分话"的时候,已经含有"知无不言,言无不尽"的意思。况且中国人所说的"三分",既可以是"三分流水七分尘"的"三分",也可以是"天下只有三分月色"的"三分",就看到时如何拿捏了。当彼此尚不熟悉时,当然"未可全抛一片心",等到互相信赖了,完全可以知无不言,言无不尽。

同样,中国人说"言无不尽"的时候,也不要忘记"逢人只说三分话",因为彼此虽然关系密切,但是有的话可能会伤害对方的自尊心,或者引起他的嫉妒,所以必须有适当的保留,说三分留七分,那七分就心照不宣了。

听话不如"看"话

不了解中国人的人觉得我们很难捉摸:"我明明听懂了他的话,他怎么还是不高兴?"因为中国人说的话通常包含很多意思,有些人听懂了表面意思却常常听不懂言外之意。有时候,中国人不说话,只是一个眼神、一个动作就包含了很多意思,这当然需要彼此的默契。如果没有默契,要搞清楚中国人到底在说什么,确实很难。下面这个小故事就说明了这一问题。

故 事

苏东坡被贬至黄州后,一天傍晚,和好友佛印和尚泛舟长江。忽然,苏东坡用手往岸上一指,笑而不语。佛印顺势望去,只见岸边有一只黄狗正在啃骨头,顿有所悟,便将自己手中题有苏东坡诗句的蒲扇抛入水中。两人心领神会,不禁相视而笑。

原来,这是一副哑联。苏东坡的上联是"狗啃河上(和尚)骨";佛印的下联是"水流东坡尸(东坡诗)"。

当然,要达到苏东坡与佛印这种心灵相通的程度,除了默契之外,还要有较高的智商才行。

中国人南腔北调,就算大家都说普通话,也很难保证彼此听得懂。勉强听懂,也未必弄得清楚他人的真正用意。

指鹿为马的故事大家都熟悉,人们把"指鹿为马"理解为"不明是非、颠倒黑白",其实很不恰当。赵高只是借此试探一下究竟自己在朝廷的权势怎样,其真正的话意是:"你们是服从秦二世,还是服从我?"我们嘲笑群臣不分黑白,其实他们才是真正听得懂话意的人。

案 例

有一天,我搭出租车到某地。由于大路上发生事故,所以司机改走小路。但小路蜿蜒曲折,司机不太熟,越走越觉得没有把握,便停下来,向旁边一位老先生问路:"请问我要到××去,该怎么走?"

老先生气定神闲,不慌不忙地回答:"有路就可以走,多问几次就会到。"

这两句话,叫人听了觉得十分有道理,同时又觉得摸不着头脑。

司机表示感谢,很有信心地向前驶去。

我觉得很纳闷,问他:"你知道怎么走了?"

他说:"知道。有路就可以走,表示我走的路是对的。如果我已经走错了,他会把手一扬,然后指向正确的方向。现在我走对了,他不必举手,所以说有路就可以走,告诉我顺着这条路一直走下去。多问几次就会到,意思是后面会有几个比较复杂的岔路口,那时候一定要问路,不要乱闯。"

经他这么一解释,我才恍然大悟。原来中国话如此简单明了,两句话就可以交代清楚。但听者必须动脑筋才能听懂。现在有些人只听不想,以致听不懂中国人所说的话,实在是一种遗憾。

中国话很不容易听,才是我们真正的难处。中国人要人家不要"听"话,其中含有"中国话不可以用耳朵听"的意思,必须特别小心。"不要听他的",包含"不要听他的话",也包含"不要单凭耳朵听他的话"的意思。中国人很少说"听他说什么",反而常常告诫我们"看他怎么说",也就是说,中国话不适合单用耳朵听,应该配合眼睛看。中国话听起来含含糊糊,"看"起来清清楚楚。中国人不喜欢啰里啰唆讲一大堆,只喜欢简单明了,短短一两句话,含意很深,所以"看"了之后,还要多想。如果不用心想,还是弄不清楚中国人的话意。也就是说,"看"话不能单凭一双眼睛去看,还要动用"心眼",才能够真正看清楚,才能领悟"话中的话",以及"话外的话"。

"心眼"要大,才听得真实。"心眼"太小,成了"小心眼儿",就会"以小人之心,度君子之腹"。如果对方有难言之隐,有说不出来的苦衷,有说出来反而彼此难过的事情,千万不要用不正当的心思去曲解。

一句"你看着办吧",究竟是"全权委托你",还是"猜猜我的用意",甚至"居然搞成这样子,你自己收拾烂摊子吧"?短短几个字,足够让别人思前想后了。凡是耳朵听不懂的时候,就要用眼睛看,还要动脑筋,结果呢?你看着办吧!

正在此时，丙不期而至，明显就是来喝那瓶好酒的。此时，甲该不该将好酒拿出来？如果拿出来就会得罪乙，不拿出来又会得罪丙。这种两难的情况却也难不倒深谙圆通之道的甲。甲对他太太大声说："我刚才找了半天，你到底把那瓶好酒藏到哪里去了？"甲的太太明白甲的意思，也大声地回答："我昨天收拾屋子，怕把它弄脏，特地藏起来了。"话音未落，甲的太太就拿着好酒出来了，并准备了丰盛的下酒菜。乙和丙都很高兴，当然，甲将危机巧妙地化解于无形，更是高兴。

用高声说话来向别人传达自己的想法，是中国人的绝招，在人际关系的运作中，具有转危为安的决定性力量。甲很清楚，丙提前来就是想喝自己的那瓶好酒，可是乙来了自己没拿出来，等丙来了才拿出，乙心里肯定不高兴。可是不拿出来，就会引起丙的不满。拿也不是，不拿也不是，但是高声说话就解决了问题："刚才找了半天"就是告诉乙"我本来想请你喝，但是没找到"；而丙明白，就算乙是甲的好朋友，还是没我的面子大，哪怕是"特地藏起来了"，到了紧要关头，也得拿出来。

知识很重要，但是知识之外，人际技巧也很重要，若想圆满解决问题，在知识之外，还需要一些艺术技巧。

2."随便"表示具有"单凭物质不足以表达全部的敬意，必须拿精神来补助"的用意。以请客吃饭为例，主人即使准备很多佳肴，仍然说"随便吃点"，意思是这些菜虽然很好，但总觉得应该有更好的，才足以表达主人对贵宾的敬意。如果客人认为过于丰盛，就会说"太破费了"；如果客人觉得不过尔尔，既然主人说了"随便吃点"，那客人也不会不满。

如果东西非常好，中国人也会轻描淡写地说"随便买的"，这不是谦虚，而是中国人认为精神重于物质，"千里送鹅毛，礼轻情义重"。同时，也希望对方不会有"受之有愧"的负担。如果东西并不好，一句"随便"，表示"我已经尽力，希望你能够谅解"。中国人讲究"尽心尽力"，只要尽力而为，对方多半是会体谅的。

3."随便"暗示"我有我的意见，只是不便说出来"。上司征求下属的意见，下属绝不敢说"随便"，而是请上司做主。因为说"随便"，就意味着下属有自己的意见，只是不方便说而已。

"随便"正是孔子的"无可无不可"的体现。人与人之间的关系是很微妙的，时时有变化，如果丝毫不加考虑，冒冒失失地说出自己的意见，很可能使对方为难，不如将心比心，先说"随便"，好让彼此有个商量的余地。

既然"无可无不可"，"随便"就不是对"任何人、任何事、任何地"都通用的。有的时候，随便说"随便"也会给对方造成困扰。例如，晚辈对长辈最好别说"随便"，否则就显得太随便。朋友之间也有不宜说"随便"的情况，同是请客吃饭，说"随便"可以让主人根据自己的情况准备，但是如果主人境况不好，要保全主人的"面子"，就不宜说"随便"，最好说："我最近肠胃不好，很怕油腻，就在附近这家饭馆吃点素菜就行。"

有人托你帮忙，要请你吃饭，你就要暗自盘算一下，"吃人家的嘴软"，背负人情太重，哪里敢说"随便"，赶忙借故推辞，心领为上。

"随便"并不是"差不多"，而是以"合理就好"为原则，应该说"随便"的时候，才可以说，不应该说的时候，就不可以说。别人在对你说"随便"的时候，如果他不是随便说的，那就等于说："你自己想想，怎样才合理；只要合理，我当然就随你的便！"

"随便"绝不是"马马虎虎"，我们将心比心，既不希望人家"马马虎虎"待我，当然也就不可以"马马虎虎"对待别人。该"随便"才能随便，不该"随便"绝对不可以随便。

以"不随便"的态度来"随便"，才能符合合理的标准。我们一方面不可以随便说"随便"，另一方面也不能够随便理会或处置别人的"随便"，因为一个有修养、有分寸的中国人，是不随便说"随便"的。

不反对并非赞成

中国人的基本立场是不偏不倚，秉持既不反对也不赞成的态度，在征求中国人意见的时候，中国人基本上说的都是既不赞成也不反对的话。因为事情总是不尽如人意，所以只能赞成一部分而反对另一部分。任何事情，总是不断地演变：原本可以赞成的事情，演变到最后，令人不得不反对；而原来应该反对的，也可能愈变愈应该赞成。这些都是中国人不愿意公开说赞成还是反对的原因。

当把一切弄清楚，而且保证不再改变的时候，中国人自会当机立断，给你一个准确的答复。但是，就算如此，警觉性特别高的中国人，也尽量避免公开表态。一旦你明确表示赞成，那些不希望你赞成的人就会给你施加压力，相反，你反对的话，那些不希望你反对的人也会频频阻挠，徒增许多麻烦。所以，最后养成中国人凡事都含含糊糊的，"这件事嘛，呵呵呵……"。

中国人之所以这样，是因为没有安全感，赞成或反对就像下赌注一样，万一押错宝，后果惨重。只要保证他的安全，要中国人表明赞成或反对的立场，其实并不难。古时候，大臣要说一些可能冒犯皇帝的话时，总会先请皇帝饶他不死。这就是在寻求一种安全状态。

如果有人直接问你这种问题："你赞成领导关于这件事的处理吗？"那他可能是不怀好意，挖了陷阱让你跳。你说"赞成"或"反对"，都会对自己不利，不是被利用，便是被嘲笑。

碰到这种情况，中国人不可能直截了当地表明态度，而是会反问："你认为如何？"然后兼顾赞成及反对双方面的看法，适当地表述自己的意见。而被反问的人也是同一态度，或者采用"我也不反对"或"我也不赞成"来应付，因为中国人明白，"赞成""反对"不是"二分法"，"不赞成"并不代表"反对"，"不反对"也并不代表"赞成"。

也许有人认为中国人不实在，见风使舵、虚情假意，而且缺乏胆识，不敢担当。其实，我们说既不赞成也不反对，事实上是赞成之中有反对，而反对之中也有赞成，并不是不分是非、糊里糊涂或者怕惹事端。先赞成后反对，先反对后赞成，对方比较容易接受，这种"攻心"术是中国人的独特手法。例如："我毕业后马上出国留学，你赞成吗？"如果你不赞成，最好回答："我不赞成你马上出国，但是如果你准备得十分周全，知道自己所要学的是什么，将来学成之后要做什么，我当然不会反对。"

既不说赞成的话也不说反对的话，一方面保证自己的安全，另一方面可以增强对方的责任，凸显听者的自主性，使其更加重视自律和自为。一旦表示赞成，听者受到很大的鼓励和支持，可能"大意失荆州"，造成"阴沟里翻船"的惨剧。而一旦表示反对，听者受到挫折，可能因而放弃，或者缺乏信心。不赞成也不反对，听者才会面对现实，用心地研究判断，自己做最后的决定。

中国人相信，公开表示赞成或反对，事实上都不一定可靠，不如采取观察、试探、测试、迂回打听等方式来加以判断。若是因为怕得罪人，吞吞吐吐，既不敢赞成也不敢反对，那就是心术不正，终将被别人厌恶，自己也不会有什么好前程。合理地赞成加上合理地反对，才是正当的行为。

当然了，在人际交往中，圆通的人也不应该直接问别人是否赞成或反对，以免给人别有用心之嫌，一般只问"你有什么看法"之类语气较弱的问题。

看清楚之后，合理地表达反对或赞成的意见；尚未看清之前，千万不要冒冒失失地说出"我赞成"或"我反对"，以免被利用，或被人看不起，令自己骑虎难下。

●●● 第二节 行——谨慎小心，反求诸己

"合理就好"的理念使得中国人的一言一行都要把握好分寸。谨慎的人在人际交往中，就像林黛玉进贾府一样，不肯轻易多说一句话，多行一步路。

先弄清对方是谁

中国人在人际交往中，首先要弄清楚对方到底是谁。中国人认为"有人才有事"，而且"事在人为"，很难"对事不对人"，所以常常把人和事联系在一起。在中国社会，每听到一句话，如果不清楚是谁说的，就很难判断它究竟是对的还是错的，是真的还是假的。可见弄清楚对方是谁，乃是开展人际交往的第一步。

中国人比较倾向于"差别对待"，以不同的标准来对待不同身份的人。如果你的职位比我高，那你说什么都应该是比较正确的；如果你和我

职位平等，那就以"来而不往非礼也"的态度对待你；如果你的职位比我低，我不会以大欺小，却绝不容许你以"下"犯"上"。

这样看来，中国人似乎没有是非观念，但事实绝非如此。在中国社会，职位低的人是不宜反驳职位高的人的。举例说明，如果你的上司冤枉了你，你该怎么办？据理力争的话，他会明白是他错而非你错，但这又如何呢？他身为上司，竟然失察而冤枉了你，自然觉得相当没面子。

中国人没有面子的时候，最要紧的，便是设法找回面子。如何挽回他的颜面？很简单，一心一意地找你的毛病，只要被他抓着了，他的面子便全回来了。他一心一意找你的差错，你真的插翅难逃，因为"人非圣贤，孰能无过"，你迟早会被他逮个正着。

但是，如果上司冤枉你后，你保持沉默，一句话都不讲，表面上看你是忍辱负重，其实不然。你的上司看到你居然一言不发，就会觉得奇怪："这个人怎么搞的？难道我屈说了他？"于是，他自然想着解开谜团，结果发现自己确实冤枉了你，并由于自己内心愧疚而善待你。

一般来说，上司冤枉你，纯属偶然，很少有上司故意颠倒是非，存心而为之。但是你若不幸碰上这种上司，足以证明上司早已容不下你，在这种情况下，你据理力争又有何用？不如另谋高就，"此处不留人，自有留人处"。如果你没有别的门路，最好忍气吞声，说不定上司见你一直逆来顺受，网开一面，不再针对你。

如果你不幸遇到的是个迷糊的上司，这种情形倒是常见，因为无能者身居高位并不是稀罕事儿。遇到这种上司，你说得再对，他都可能斥你为狡辩。不如安静下来，好好做事，以免被他抓住把柄。

迷糊的上司不好，但过于是非分明的上司也很难相处。因为太过分明，以致刚愎自用的人，总是认为自己的看法都是对的。说你错，你就错，你再说多少话他都不会更改原有的判断。你据理力争的话，只会弄得面红耳赤，毫无用处。

如果你的上司不是以上三种人，那他就是无心犯错。这种无心的过失，是应该谅解的。没有必要得理不饶人，让无心错怪你的上司难堪，所以应当用沉默来暗示他有错误，使上司自己察觉，自行校正。

如果有人和你职位相当，却指出你的错误，而且到处宣扬，那你就可以积极地找他的过失。这不是面子问题，也不是心胸狭窄的表现。如果他发现你有差错,当面规劝的话,虽然你一时可能无法接受,但是他既然说的是事实,出发点又是为你好,你终究会心生感激,又怎么会记恨他呢?但他如果没有和你说,反而到处宣扬,那就分明是让你难堪。中国人一向是交互主义,你对我好,我也对你好,相反,你不仁就别怪我不义。所以,你也只有全力找他的差错,照样宣扬一番,让他尝尝同样的滋味。

如果有人职位比你低,却敢在背后指摘你的过失,你通常可以不用有任何顾虑地去整治他一番;而且"当年别人教诲我,如今我也应该教诲别人"的想法,很容易变成理直气壮的借口。整他,是让他明白做人的道理:有话最好当面说,不要背后胡扯。

所以,对象不同,你采取的措施也应该不同。先问清楚是谁说的,再做定夺,这就是一种"经",如何应变,则是个别的"权"。

中国人既然以人为主,那一切事都离不开人,也就是离不开人际关系。何况我们一直重视伦理,对于人的身份地位十分关心。看见或听说一个人,总要进一步追问是什么样的人,并且依据其身份地位做出不一样的反应,才算合理。这样才能建立良好的关系,以便进一步达成预期的企图。这不是"势利眼",只要保持合理的程度,不要前倨后恭,没有什么不好。

故　事

相传,清代大书法家郑板桥去一个寺院游玩,并去拜见方丈。方丈见他衣着俭朴,以为他是一般俗客,就冷淡地说了句"坐",又对小和尚喊"茶"。一经交谈,方丈顿感此人谈吐非凡,就将郑板桥引进厢房,一面说"请坐",一面吩咐小和尚"敬茶"。后又经细谈,得知来人是赫赫有名的"扬州八怪"之一的郑板桥时,方丈急忙将其请到雅洁清静的方丈室,连声说"请上坐",并吩咐小和尚"敬香茶"。最后,这位方丈再三恳求郑板桥题词留念,郑板桥思忖了一下,挥笔写了一副对联。上联是"坐,请坐,请上坐";下联是"茶,敬茶,敬香茶"。方丈一看,羞愧满面,连连向郑板桥施礼,以示歉意。

这个故事通常用来讽刺方丈"势利眼",其实方丈是根据对方的身份,采取了相应的方式和态度,只不过一开始就没弄清楚、看走眼罢了。

小心才不会上当

西方人在同别人打交道时，不论干什么，都要通过法律途径约束他人来防止自己上当，而且对于欺骗别人的人是相当鄙视的。中国人不会要求别人怎样，只会提醒自己"防人之心不可无"。我们很少去笑那些骗子，反而多少有些羡慕："他真高明，居然骗了这么多人！"而对被骗的人，在同情之外，还有几分不屑："你怎么这么笨，这种当也会上？"好像责任不在骗子，而在被骗的人。

其实，嘲笑被骗的人与鄙视骗子的目的完全相同，都是遏止骗人事件的发生。

西方人鄙视骗子，使其备受压力，抬不起头来。而中国人认为人人应各自小心，不要上当，使那些骗子无从下手。我们用"嘲笑被骗的人"的形式，来提醒大家，千万不要被骗，否则不但损失惨重，还要惹人嘲笑。所以在中国社会，那些被骗的人，反而不敢以正面示人。

西方人的想法很对，只要大家齐心，共同指责骗子，便可以减少骗人的行为。而中国人更实际一些，要求自己岂不比要求别人更容易一些？"求人不如求己"，要求别人不要欺骗，远不如自己提高警觉更可靠。防人之心其实就是让人小心不要上当，因此"反求诸己"更胜一筹。

试想，如果你和别人初次见面，就老实地对别人说："我是个老实人，人家说什么我都信，所以请不要骗我。"那对方会怎么想？当然是："他最容易上当，不骗他骗谁？"如果蛮横地要求对方："你不要骗我，否则我要你好看！"对方就想："骗你又怎样？你既然被我骗了，说明你不如我，你又有什么能力要我好看？"结果照骗不误。

一般中国人是不会直接要求别人的，如果有人真的这么做，他往往会有拆穿骗局的能力。比如，老板对干部说："我不会亏待你，但你千万不要骗我。你若是骗我的话，我绝不轻饶。"笨的干部就以为老板是个好骗的人，一开始虽然没想欺骗他，久而久之，就忍不住做些欺上瞒下的事。结果很快就被老板发现了："我警告过你，千万不要骗我，可是你太让我失望了，我只好开除你。"

如果认为中国人专门欺负弱者，谁吃亏就笑谁，谁倒霉就笑谁，没有同情心，那就错了。中国人只有对自己人，对熟悉的人，或者有利害关系的人，才会"痛心"地嘲笑他,目的在于"加深他的印象",使他深切体会"人家在你面前同情你,实际上背后都在笑你",从而下决心"自己要小心,不要上当"。对于陌生人,我们根本无从笑起,因为彼此没有"关系",产生不出任何联想。对于认识而交情不够深厚的人,我们只会背后嘲笑他,但当面尽量不提,万一对方自己说出来,我们会表示支持,痛骂欺骗他的人。

但是"小心不要上当",并不是"不要相信别人",而是不给坏人可乘之机。

正因为小心,才会时时用心。可以相信的时候,"疑人不用,用人不疑";不可以相信的时候,"知人知面不知心","人心善变,不可不防"。这些话都是中国人常说的,看起来互相矛盾,却是因"时"而制宜。

在人际交往中,你可以选择相信别人,也可以选择不相信别人。你相信别人,万一被骗,大家就会嘲笑你,"三两句话,把他骗得团团转",结论是你"缺乏判断力"。你不相信别人,又怎能与其相处?在信与不信之间,需要自己拿捏。

在正常的情况下,当然应该相信别人,但是只能相信到合理的地步;遇到不合理的地方,就不应该相信他。站在不相信的立场来相信,才不至于一相信就上当。对任何人都相信,受骗的概率就会大幅度增加。你无法要求别人绝对诚实,因为没人能做得到,所以只能自己小心。

人类是群居的动物,彼此互相合作才能生存。人应该相信别人,这是天经地义的事情。但是过分相信别人,同样引起别人欺骗的兴趣,以致上当,也是不争的事实。吃亏上当,人人不喜欢,却又经常发生这种不愉快的事情,主要是很多人喜欢占小便宜,才造成因小失大。提防上当,最有效的办法,便是切记不要贪小便宜。

凡事都追求合理

中国人的观念是凡事追求合理。换句话说,把事情做到合理的地步,人们才会接受。我们虽然重视典章制度,却明白典章制度容易僵化而不合时宜,因此在典章制度的范围内,多数中国人都能够权宜应变,以求合理变通。凡是不会变通的人,都会被人斥之为"死心眼""死脑筋"。

中国人认为,既然人与人之间是相互影响的,在人际交往的过程中,就应该"反求诸己",即"要求他人合理之前,先求自己合理"。以自己的合理来影响他人,使他人亦能合理。

自己不合理,却希望他人"以合理待我",结果经常不如意,这时怨天尤人也是枉然。自己先求合理,再来期望他人"以合理待我",才是合理的态度,也比较容易实现。但是合理不合理,各人的标准未必一致,有时候你认为合理,我就认为不合理,因此这个"合理"也会引起很多争执,产生很多不愉快。

在中国社会,凡事自己求合理,就容易获得别人的好感。即使你的"合理"和他的"合理"会有些误差,但你的出发点是好的,起码会问心无愧。至于是否会引起争执,听天由命吧。虽然这听起来比较消极,但总比表现出不合理的行为,使大家心里不高兴,甚至造成误解要好得多。

自己合理不合理要通过他人的反应来判断。他人的反应就像一面镜子,会如实地反映你是否合理。当对方表现出不合理的行为时,不要指责对方的缺失,而是应该反省自己是不是不合理。如果是的话,赶快先把自己的缺失调整过来,对方也可能跟着表现出合理的反应。要改变对方,最有效的方法是先改变我们自己。

举个例子,中国人认为,朋友的朋友是朋友,敌人的敌人也是朋友,所以人与人之间的关系很复杂。正因为如此,一个人在不清楚对方的意图的时候,是不会承认自己和另外的人的关系的。在这种情况下,贸然问起别人之间的关系,很难得到正确的答案,这就是自己的行为不合理造成的。

乙和丙是熟人。一天,甲和乙聊天时,甲突然提到丙,问:"你认识丙吗?"乙的第一反应是"不认识",因为他不知道甲有何意图。

一句"不认识",虽然只有三个字,却包含好几种不同的意思:"真的不认识""虽然认识,但是并无交情""认识是认识,跟不认识差不多""你问我认不认识,是有什么事情?"以及"你少打我的主意,我认识不认识根本与你无关"。

说"不认识"有很多好处:第一,减少许多风险,省却许多口舌,避免许多麻烦。如果乙在不清楚甲的意图时就说认识,甲接下来很可能说:"那真是太好了,我正好有一件事要找丙帮忙,麻烦您帮忙引见一下好吗?"这不是自讨苦吃吗?这时候说"好",会增加不少麻烦;说"不好",等于驳了甲的颜面，令甲不满："这点小忙都不愿意帮，还说是朋友呢？"

当丙身居高位时，乙如果先说"认识"，事情来了，再推说"不认识"或者坦白说明自己不愿意帮忙，甚至直接指称对方根本没有权利提出要求，都是伤感情的做法。在中国社会，得罪一个人的后果是很严重的，尤其不能得罪小人。

第二，可以探听信息。如果丙对乙心存不满，忍不住对甲抱怨了几句，甲如果不清楚乙和丙的关系，多半不敢直截了当地传话过去，必然先问："你认识丙吗？"假若乙说"认识"，甲就不会再说什么，以免有搬弄是非之嫌，而乙也就失去了获得信息的机会。若乙说"不认识"，甲才会放心地把丙的话告诉乙，乙也能了解丙对他的不满，以便采取适当的对策。

明明认识却装成不认识，这种不合理的行为完全是因为甲不合理在先。打听别人之间的关系，一开始就应该把目的说清楚。比如："你认识丙吧？他托我给你带了点礼物。"乙一定回答"认识"。如果不能一开始就做到合理，直接问："你认识丙吗？"得到"不认识"的回答后，就要调整："哦，他说和你很熟，还想约你吃个饭呢。"那乙也会向合理的方向调整。不要以为从"不认识"调整到"认识"很难，中国人很会"颠倒是非"，拥有足够的智慧，可以进退自如，因为凡事早已留有余地。

乙只需作恍然大悟状："哦，你说的是他啊，抱歉抱歉，刚才没听清，还以为你在说谁呢。"轻轻松松就兜回来了。

先说明自己的目的，再去问对方，以便给对方斟酌的空间，这才算合理的行为。不要责怪别人不诚实，不要认为一切不合理，都是"我"以外的中国人造成的。殊不知种种缺失，实际上都与"我"密切相关。

可惜，很多人不明白这一点，不反省自己是不是诚实，是不是考虑周到，是不是明白透彻，便大胆地指责中国人不诚实，实在不公平。

第三节 心——追求圆通，善于自保

中国人常将人分成两种——君子和小人。孔子对君子与小人有过许多论述，比如，"君子怀德，小人怀土；君子怀刑，小人怀惠""君子喻于义，小人喻于利""君子和而不同，小人同而不和"，等等。人们历来崇尚君子，但事实上君子斗不过小人的情况比比皆是。因为小人非常重视人际技巧，很容易打动别人的心，进而抓住别人的心。君子往往觉得自己凭良心，不做亏心事，不必讲求什么人际技巧，因而时常得罪人，引起别人的怨恨和报复。这一点是君子不及小人的地方。那君子为什么不改变一下，同样注重人际技巧，增强自己的竞争力呢？

圆通而不圆滑

人们常常认为小人圆滑，因而对其充满鄙视。君子当然不应该圆滑，但是要足够圆通，否则就常常使自己在与小人的斗争中处于劣势。中国人最讨厌圆滑，任何人只要给人一种"滑头"的感觉，便成为别人心目中"狡猾的人"，注定没有前途可言。

而圆通是我们十分喜欢的，但可悲的是，现代人脑筋逐渐扁平化，缺乏深度，看事情不能"入木三分"，所以"凡是圆通都被看成圆滑"。圆通和圆滑虽然表面上看都是"推、拖、拉"，一副打太极拳的模样，但是二者的本质不同，主要有以下几点差异：第一，过程完全相同而结果截然不同。"推、拖、拉"到最后，把问题圆满解决掉，便是圆通；"推、拖、拉"到最后，没有解决问题，或者解决得不够圆满，那当然是圆滑。第二，圆通的人善于利用"推、拖、拉"的短暂时间来充分思考，寻求此时、此地合理的行动方案，以便减少阻力；圆滑的人只想利用"推、拖、拉"把时间拖延过去，以便逃避当前的问题，根本不想解决问题。第三，圆通的人用"推、拖、拉"

来降低竞争的压力，使大家觉得经过"推、拖、拉"之后得到的答案，应该可以接受；圆滑的人，则冀望于不经由竞争，便能够获得胜算，或者不愿意应付挑战，悄悄地逃之夭夭。

圆滑与圆通有着本质的不同，但是很多人盲目排斥"推、拖、拉"，视"推、拖、拉"为落伍、陈旧、腐败的手法，把圆通和圆滑都看成可恶的行为，因此失去圆通的本事，真是得不偿失。其实，合理地"推、拖、拉"，把"推、拖、拉"的功夫发挥到出神入化的地步，这就是圆通。如果一味地认为"推、拖、拉"是坏事，那就会事事看不惯，甚至整天不愉快。

圆通就是"面对现实"，"负起责任"，另外加上"不伤害面子"。不够圆通，很容易伤害自己的面子，也很容易伤害别人的面子。

譬如介绍别人的时候，经常听见当老师的人说"这是我的学生"。而被介绍的人，却似乎并不认定介绍人是老师，反而淡淡地说"我们现在合作一些事情"，这岂不是很尴尬？当老师的人，如果介绍"这是我的朋友"，对方紧接着说："不，我只是教授的学生而已。"是不是就能避开尴尬的场面？让别人承认自己，而非自己盲目乱认定关系，这就圆通多了。

"面对现实"和"负起责任"可以用理智和科学来处理；"不伤害面子"却需要以感性和艺术来协调。圆通就是科学加艺术、理智加感性，所以很难做到。

我们承认"圆通是高难度的素养"，一般人很难精于此道，何况一不小心，就会流于圆滑而遭人唾弃。但是，即使难学，也还是要学，因为只有学会圆通，才能在人际交往中游刃有余。

圆通和圆滑仅仅一字之差，但是差之毫厘，谬以千里。比如，听到别人的夸奖，要针对不同的人回复不同的话：对西方人要说"谢谢"，对日本人要说"请多多指教"，对中国人要谦逊地说"哪里，哪里"。这种"见人说人话，见鬼说鬼话"的行为，就是圆通。如果对西方人说"哪里，哪里"，相信对方一定莫名其妙；如果对中国人说"谢谢"，对方会不以为然："我不过说说而已，你还当真了。"

我们先接受圆通的概念，再观察圆通的事实，分析圆通的要素，才可以学得圆通的精髓。

第一，将心比心是圆通的先决条件。多以欣赏的眼光来体会他人的圆通，比较容易吸取他人的经验，迅速成长；常以厌恶的心情来批评他人圆滑，结果便只有生气的份儿，失去学习他人宝贵经验的机会。

第二，不要完全排斥或放弃"推、拖、拉"，也不能够凡事都"推、拖、拉"，以免一不小心，就变成令人厌恶的圆滑。

不过，中国人自己"推、拖、拉"的时候，往往不认为自己正在做这种令人厌恶的动作，却自满于"事缓则圆"的解说。但是，看到别人"推、拖、拉"，却又立即觉察出来而心生反感。

圆通说起来相当简单，做起来却很难。因为圆通与圆滑的差距十分细微。

遇事先求自保

"明哲保身"是中国人普遍秉持的人生哲学。朱子说："明是明理之明，哲乃了然于心，保身则是依道理进退而处世，于是罪刑、灾祸不至。"

中国人凡事先求自保。遇到突发状况，就会遵循明哲保身的哲学分析形势，当进则进，当退则退。形势不利时，就要及早抽身，"留得青山在，不怕没柴烧"，何必逞匹夫之勇呢？很多人反对"明哲保身"，认为善于明哲保身的人怕死、虚伪、消极。其实不然，一个人连自己都保护不了的话，其他的都没有意义。人们常说，"泥菩萨过河，自身难保"，神仙都要先保全自己，何况凡人呢？中国人明哲保身主要表现在以下几个方面：

深藏不露

深藏不露实际上是中国人守身哲学的应用，也是我们奠定"立于不败之地"的基础。如果有人把自己的实力毫不隐瞒地展现无遗，很容易遭人算计，岂不是自讨苦吃？中国人深知"木秀于林，风必摧之"的道理，宁可韬光养晦，安然度日。

这也是中国人与众不同的心理。日本人就算没有本领，也要装成很能干的样子；美国人有多少本领，都要找机会表现出来；只有中国人深藏不露，静观其变，再衡量情势的变化，以对自己最有利的做法，做到"不鸣则已，一鸣惊人"，立于不败之地。

中国有句俗话"树大招风"，因此，中国人有能力并不表现，还喜欢伪装成没有本领的样子。例如，会写字的人不轻易宣扬自己擅长书法，会画画的人不愿意让人家晓得自己善于作画。这样做比较省力省事，否则请字求画的人络绎不绝，只能疲于应付，稍有不慎，厚此薄彼，就会得罪人。中国人不讲能力，却十分重视本事。只有能力而没有本事的人，往往一表现就遭殃。有本事的人，能够把能力表现得恰到好处，受人欢迎。

比如，大家在打球，招呼你也参加，就算你天天练习，也要谦逊地说："好久没有打了，生疏啦。"大家让来让去，你才登场，不费吹灰之力，把对手一一打败。就算如此，也没有人觉得奇怪，因为大家明白你刚才的表现不过是深藏不露的一种应用罢了。

喜欢保留实力、不强求出头，并不说明中国人奸诈、不实在。相反，谦虚会给人一种高深莫测的感觉。

深藏不露有三个要点：

第一，人怕出名猪怕壮。人愈出名，遭遇的麻烦愈多。越有能力，承担的责任越重。中国人比较喜欢打击有能力的人，同情没有能力的人；能者必须多劳，没有人会感激，而且容易招人嫉妒。因此，不如隐藏实力，凡事量力而为。

第二，不要夜郎自大。中国人对那些自我膨胀、把自己看得很伟大的人，大多抱着敬而远之的态度。背后则嘲笑他们夜郎自大、不自量力，十分看不起。

第三，要知人上有人。即使自己的本领高强，也要明白人上有人，强中更有强中手的道理。所以要深藏不露，以免泄露自己的实力，招来对手的攻击，对自己不利。

深藏不露并不是永远不露，而是站在不露的立场，来求取合理的露，以免露得过分，对自己有害。有能力必须合理地表现，凡事量力而为，才能恰到好处。中国人主张"不可以随便表现"，并没有反对合理的表现。不能不表现的时候，务必表现到合理的地步，不可任意逾越合理的范围，以免留下后患。

以让代争

人类社会，彼此难免要竞争。实际上，了解中国人性格的人，就知道中国人太喜欢争了，而且一争起来往往不择手段，所以不鼓励中国人竞争，认为能够不争的，大家都不要争；不能够不争的，应以让代争，这才是中国人推崇的君子之争。

争是必要的，舍也是必要的。什么都要争，最后就会迷失自己，不知道自己争的是什么，为什么要争。而且给人一种恶劣的印象，使大家提高警觉，甚至于联合起来，一点机会都不给你。因此太会争、太喜欢争的人，经常什么都争不到。只想到舍，同样会迷失自己，不知道自己要的是什么，不要的又是什么，而且给人一种消极、不愿意负责任的不良印象。

只有把"争"和"舍"融合在一起，该争的才争，不该争的就舍弃，争到好像没有争一样，才是圆满的做法。以让代争便是兼顾"舍"与"争"的权宜措施，站在"不争"的立场来"争"，才不会乱争，才可能争得恰到好处。

但是"让"并非消极的"让"，也不是让给谁都行，而是在冷静思考之后，让最合理的人来做最合理的事，才不会令众人失望。千万不要心里不情愿，却打着谦让的幌子，那是虚伪。让来让去，觉得自己最合适，这时候就应当仁不让。关键在于把握"当仁"的尺度，要从事情的性质、轻重缓急和大小来判断。

当然，当仁不让也要以"半推半就"的形式表现出来。"半推半就"就是指确实"当仁"，而且推辞不掉，实在没有办法，才勉强为之。"半推半就"必须诚心诚意，另一方面表示"我虽然勉强接受，仍然随时准备交给比我更合适的人"，一方面让没有当选的人也有面子。比如你被选为部门主管，必须要表明你不想当，极力推辞，说自己能力不行、经验不足、体力也不好、做事情没有耐心，把各种理由都列出来，最后盛情难却，只好"勉强为之"。这样做也是为自己留条后路。但千万不要以此为借口偷懒。一旦你接受了，就必须负责到底，才不辜负大家对你的期望。

秘不外传

中国人喜欢将自己的绝技保密，就算传授给徒弟也要"留一手"。这一直是受人诟病的一种作风，就因为"留一手"，造成很多技艺失传。其实，这原本是中国人的一种自保心态，并非完全没有道理。"留一手"本身并没有好坏，关键在于"留得合理不合理"。

不可否认，从古至今，凡是能够发扬光大的，中国人并不主张"留一手"，反而毫无保留地让全世界的人来分享。但是，有些东西，中国人之所以"留一手"，有一些特别的道理。

技艺失传似乎要归咎于师父的自私，不肯把自己的真实本领倾囊传授，以致一代不如一代。但是却不能忽略两种情况，一种是教会徒弟，饿死师父；另一种是教会徒弟，杀死师父。年富力强的师父凭着威势和丰富的经验，或许能够制服徒弟；而年迈体衰的师父，如果不幸遇到徒弟翻脸不认人，就会悔之晚矣。"年老慎择徒"就是这个道理。在这两种情况下，预先留一手，也是一种自保的方法。如果遇到忠良可靠的徒弟，师父自会倾囊相授，哪里会留一手？

中国人很重视拜师礼，凡欲拜师者必须恭恭敬敬地向师父叩首，以显其诚意，要不然师父怎敢把功夫传给他？

儒家一再希望中国人"反求诸己"，徒弟发现师父秘而不传，实在不应该埋怨师父，而是应该自我检讨，为什么自己在师父眼中那么不可靠，弄得师父必须痛心地留一手？而为师者，应尽可能将技艺发扬光大，并想办法找到合适的传人，教他、导正他，让他刚正不阿，这才是秘传的真义。

事实上，"留一手"跟"不留一手"，基本上没有什么差异。想学的人，师父留一手照样学得很像；不想学的人，师父不留一手照样学不好。"留一手"不过是学得不像、学得不好的人常用的一种借口。依据中国人的观点，以"师父留一手"为借口来骗别人，给自己留下面子，尚属可行。若是连自己都骗，真的把责任都推给师父，那就实在太不长进了。"留一手"是说给别人听的，不是说给自己听的。

现在，除个别门类外，磕头拜师的情形越来越少了，但是在工作中，师父带徒弟的形式却很常见。这就要求人们在"留一手"和"不留一手"中做好抉择，既要有足够的能力自保，又要将自己的技术发扬光大。

第四节 性——爱占便宜，死要面子

中国人的本性是什么？简单来说有三点：第一怕吃亏，中国人天不怕、地不怕，就怕吃亏上当；第二喜欢占小便宜，中国人一般不奢望去占大便宜，专占小便宜；第三，自私又爱面子。

就怕吃亏上当

说中国人怕吃亏上当，并不是贬低中国人。中国人重视合理，合理地怕吃亏有什么不对？资源是有限的，人的生命也是有限的，不断地吃亏，岂不是跟自己过不去？其实每一个人都有这个特性，凡是宣称钱财乃身外之物的人，多半都很小气。因为一个人如果心里没有某个弱点的话，就不会强调它。例如一个人缺乏信用，就会强调自己重信用，通过不断地强调，才能让别人当真。

就因为中国人怕吃亏，所以和中国人打交道时，千万不要有欺骗的意图，以互利互惠为原则，才能皆大欢喜。一开始就想欺骗中国人，往往会"偷鸡不成蚀把米"，得不偿失。

每个人都怕吃亏，但是过分地怕吃亏就变成斤斤计较了，其实人算总是不如天算，"机关算尽太聪明，反误了卿卿性命"。所以中国人发展出一套"差不多主义"，差不多就是刚刚好，就是恰到好处，就是合理。

因为怕吃亏，中国人处处小心谨慎，这就是中国人所说的"防人之心不可无"。但是，如果防不胜防，真的吃亏了，中国人也不以为意，反而相信吃亏是福，"吃一堑，长一智"。

只爱占小便宜

如果说怕吃亏是被动的，那喜欢占小便宜就是主动的行为。占小便宜，关键词不是"占"而是"小"，只占"小"便宜。一个人爱占"小"便宜，就表示这个人不贪，贪心的人只想着占大便宜。中国人爱占"小"便宜，不贪心，很守本分。为了过日子占一点小便宜，没什么可耻的。而且对中国人来说，占小便宜只是手段，不是目的。中国人之所以这样做，是在试探对方。和别人做生意也好，交朋友也好，首先要了解对方，看对方是不是值得打交道的人。

中国人比较在乎舍不舍得，换句话说，中国人不会盲目地为一个人去拼命，我们会考虑值不值得。要判断值不值得，就要看对方舍不舍得，你舍得，我就认为值得，你不舍得，我就认为不值得。这就是中国人占小便宜的本意。

在人际交往的时候，首先要看对方的度量大不大，没有人愿意跟一个小肚鸡肠的人做朋友。看对方舍不舍得、舍到什么程度，可以判断你在对方心目中是何分量。如果对方连鸡毛蒜皮的事都要和你计较，那他也就没把你放在心上。

《战国策》中有这样一个故事：

故 事

齐人有冯谖者，贫乏不能自存，使人属孟尝君，愿寄食门下。孟尝君曰："客何好？"曰："客无好也。"曰："客何能？"曰："客无能也。"孟尝君笑而受之曰："诺。"左右以君贱之也，食以草具。

居有顷，倚柱弹其剑，歌曰："长铗归来乎！食无鱼。"左右以告。孟尝君曰："食之，比门下之鱼客。"居有顷，复弹其铗，歌曰："长铗归来乎！出无车。"左右皆笑之，以告。孟尝君曰："为之驾，比门下之车客。"于是乘其车，揭其剑，过其友，曰："孟尝君客我。"后有顷，复弹其剑铗，歌曰："长铗归来乎！无以为家。"左右皆恶之，以为贪而不知足。孟尝君闻："冯公有亲乎？"对曰："有老母。"孟尝君使人给其食用，无使乏。于是冯谖不复歌。

这个故事是说，冯谖投靠到孟尝君门下，整天无所事事，却嚷着要锦衣玉食、宝马香车。不要以为冯谖是看孟尝君好说话，想多从他那里捞点好处。其实，冯谖一直在考验孟尝君，看他是不是值得效忠之人。所幸孟尝君通过了考验，后来，"孟尝君为相数十年，无纤介之祸者，冯谖之计也"。

但是，中国人不会轻易去占大便宜，一方面是因为中国人相信天上不会掉馅饼，如果有大便宜可占，中国人首先会想到会不会有问题，会不会上当。另一方面，中国人讲究无功不受禄，要等价交换，得到大便宜必须要付出大的代价才行。

相比之下，平原君就没有孟尝君那么聪明了。当时，秦国派大将白起攻打韩国，占领了韩国的一块土地野王。在野王邻近有另一块土地上党，其官员看到野王轻易地就被秦军攻下，怕上党也守不住，就写信给赵国，表示愿意归顺，希望得到赵国的庇护。结果平原君认为，不费一兵一卒，就可以得到上党这块"肥肉"，为什么不要呢？虽然有人反对说："就是因为不花力气得到好处，轻易要了，恐怕会招来大祸。"但是，赵王和平原君却不听，把上党划为自己的领地。秦国知道后，认为赵国存心和自己作对，就命令白起率大军去攻打赵国。结果赵国的四十万大军全部被秦军歼灭，国都邯郸也被围困，险些被灭国。

这就是前车之鉴。所以，和中国人打交道，首先要明白，在合理的范围内，中国人比较喜欢占小便宜，但是也明白"礼下于人，必有所求"的道理，因此想要中国人帮忙，只要施以小恩小惠即可。如果施以"大恩大惠"的话，会让中国人心生警惕。

自私又爱面子

怕吃亏和喜欢占小便宜是出于自爱的心理，很多人据此说中国人自私。中国文化的确强调自爱，很少讲爱人，不自爱的人，心中没有爱，拿什么去爱别人？一个人要先爱自己，让自己的心中充满爱，然后才能去爱别人。

老实讲，中国人比较重视面子。凡是说"面子不重要"的人，是因为他不了解人性。一个人活得连面子都没有，那活着是为了什么？人与动物的最大不同，就是人有面子，动物没面子。有人认为，中国人爱面子是缺点。我从不认为爱面子是缺点，一个人连面子都不爱，那他还会爱什么？面子就是羞耻之心，一个人连羞耻之心都没有，那就无药可救了。

爱面子，往好的方面发展，乃是重视荣誉的表现，没有什么不好。若往坏的方面发展，则是爱慕虚荣；更严重的，就是爱面子爱到不要脸的地步，那就是本末倒置。"面子"是"情"，"脸"则是"理"。中国人讲情理，以理为本，视情为末。换句话说，爱面子要爱到不丢脸的程度，不丢脸就是合理；爱面子爱到合理的地步，才是合情合理。

有些人为了自己的面子常常说一些谎话，比如家里穷的人，只能吃得起青菜豆腐，就会宣称吃素食有益健康，所以自己只好常吃青菜豆腐。钱钟书先生在其所著的小说《围城》中，就形象地描写了中国人这种好面子的本性：

"汪先生得意地长叹道：'这算得什么呢！我有点东西，这一次全丢了。两位没看见我南京的房子——房子总算没给日本人烧掉，里面的收藏陈设都不知下落了。幸亏我是个达观的人，否则真要伤心死呢。'这类的话，他们近来不但听熟，并且自己也说惯了。这次兵灾当然使许多有钱、有房子的人流落做穷光蛋，同时也让不知多少穷光蛋有机会追溯自己为过去的富翁。日本人烧了许多空中楼阁的房子，占领了许多乌托邦的产业，破坏了许多单相思的姻缘。譬如陆子潇就常常流露出来，战前有两三个女人抢着嫁他，'现在当然谈不到了'。李梅亭在上海闸北，忽然补筑一所洋房，如今呢？可惜得很！该死的日本人放火烧了，损失简直没法估计。方鸿渐也把沦陷的故乡里那所老宅放大了好几倍，妙在房子扩充而并不会侵略邻舍的地。赵辛楣住在租界里，不能变房子的戏法，自信一表人才，不必惆怅从前有多少女人看中他，只说假如战争不发生，交涉使公署不撤退，他的官还可以做下去——不，做上去。"

类似的话，相信每个中国人都听过，但只要无伤大雅，完全可以听之任之。只要不存心害人，或者不对别人造成不便，用谎话来维护自己的面子，大家很容易谅解。见到有人适当地往自己脸上贴金，你大可一笑置之，不必拆穿他的谎言，否则他丢了面子，会恨你一辈子。但是如此的"大话"要在合理的范围内说，否则就成了夜郎自大，惹人嘲笑，那就真成了"不要脸"了。中国人常说任何事情都不可以过与不及，可见合理地爱面子才属正当；一旦过分，害处之多，为害之大，便不是三言两语能说尽的。

保留别人的颜面，对自己有百利而无一害，因为对方会心存感激，因而会想方设法报答你。有些时候，给别人留面子，比给他金银珠宝更有用。

故　事

战国时，有一次，楚庄王战胜邻国后大宴群臣，席间叫妃子们代他向大臣们敬酒。其中有一将军酒后失态，趁年轻貌美的宠妃敬酒之机调戏她，恰巧一阵大风吹熄了所有的灯，黑暗中宠妃机智地摘下了那人头盔上的红缨以为凭证，哭着请求大王处理非礼者，并交上红缨为据。但是楚庄王并没有追究，而是让所有的将军都摘下帽上的红缨，并让太监收起来。灯再次亮起的时候，就分辨不出调戏者是谁了。而那位将军明白，楚庄王之所以这么做，是免得他当众出丑。

后来，在一次战斗中，楚军被许多的敌兵围困，陷于欲进不能、欲退无路的境地，楚庄王大急，就在此时，旁边有一员大将杀出，威猛无比，奋不顾身，杀得周围的敌兵四处溃散，最终赢得了这场战斗。而这员猛将正是那天那位被宽容的将军！

案　例

上司问下属："交代你写的计划书写好没有？"下属心里可能想："糟糕，晚上忘了写了。"但是碍于面子问题，嘴上却说："写好了，只是早上急着要准时上班，忘带了。"上司明白，这是下属在找借口，如果说破的话，下属面子上过不去，以后可能处处都要与自己唱反调，所以只是淡淡地说："哦，那明天别忘了带过来。"

下属因说谎暂时保住了自己的颜面，下班后自然会赶快把它写好，放在公文包里，第二天一上班，就把它交上去。下属不但完成了工作，而且吸取了教训：这一次差点惹麻烦，幸亏平时信用还不错，勉强抵挡过去，下一次不可以再犯，以免被拆穿了，自己不但难堪还可能受罚。

这样，既可以保证计划书尽早完成，又不会伤了彼此的和气，何乐而不为？

说谎话，找借口，有时是为了保留对方的面子，促使其好好表现、反省、改进；有时则是为了保留自己的颜面，促使自己好好检讨，加倍努力，以求表现得更好。

说谎话骗人又保全自己的面子，一般来说，无可厚非。因为骗骗别人，只要不伤害到对方，对中国人而言，原本是平常事。最要紧的，便是暂时保留颜面之后，千万不要忘记赶快检讨反省，以便及时改正，寻求合理的补救。不能骗别人之后，自己不知反省，不求上进，反而害苦自己。

和爱面子的人打交道，只要注意不让他丢面子就行了，当然，如果想办法让对方有面子，那就更好了。适当地恭维一下别人，多说一些对方爱听的话，让对方觉得面子十足，他就会变得很好说话。切记，使一个中国人觉得没有面子，吃亏的并不是他，而是我们自己。

合理地怕吃亏、合理地占小便宜、合理地自私、合理地爱面子没有什么不好，如果不承认这些的话，就是假道学。

第二章
建立人际关系的基本准则

自己想做什么样的人,就会建立什么样的人际关系。现代的价值观是,尊重个人的价值取向,把每一个人依自己的特长、志趣而从事的活动,都视为正当。做正当的事,就是正人君子。

自己想做什么样的人,就会建立什么样的人际关系。现代的价值观是,尊重个人的价值取向,把每一个人依自己的特长、志趣而从事的活动,都视为正当。做正当的事,就是正人君子。

●●● 第一节　正视自己

一切从自己做起,才有成功的希望。偏偏现代人"总是要求别人却很少要求自己",总是说别人如何如何,却很少反省检讨自己有没有做得不好的地方?

中国人最讨厌彼此骗来骗去,也不承认自己会欺骗别人,但是实际情况却显示中国人常常骗来骗去。相信你一定知道这种情况:

电话响了,小王拿起电话,电话那边传来一个男人的声音:"您好!我姓张,要找李先生,请问他在吗?"小王用手捂住话筒,对李先生说:"李先生,有你的电话,是一位张先生打来的。"

李先生一听,连忙告诉小王:"你告诉他,就说我不在。"

这种话不是欺骗,而是中国人惯用的一种"设计",如果你是那个打电话的人,就要自己检讨,为什么做人做到这种地步,他明明在,却不愿意接你电话?

人的一生是自己创造出来的,希望成为什么样的人,就应该一步一步按照自己的理想,认真地做好自己。这是儒家"反求诸己"的主张,也是

"自己负起完全责任"的具体表现。

一表人才能成为十大要领之首，就说明第一印象的重要性。人与人之间，只要彼此来往过几次，就会互相产生某种评价。人们大多习惯于利用过去的经验来判断其他的人，同时，也习惯于和熟悉的人打交道。

第一、二次信用良好，就可能被对方视为有信用的人。所以中国人常说，"好借好还，再借不难"。中国古代的商帮将信用视为生命也是这个道理。开过一两次玩笑，以后所说的话，常常被当作笑话。我们从小就是听"狼来了"的故事长大的，对这种情况再熟悉不过。

每一个人迟早都会被人贴上一张看不见的标签，清清楚楚地写着他的性格和人品。许多人更是一见面，就喜欢论断对方究竟是什么样的人，所以第一印象非常重要。

确定自己要做什么样的人

我们要替自己负起责任来，因为我们有权力决定以后的路要怎么走，我们要对自己的所作所为负责，因此人际关系要从自己做起。在开展人际关系前，首先要想想自己要做什么样的人。

人大致可以分为三种：第一种是忠义之士，为正义而牺牲在所不惜，这种人叫作硬汉。别人不敢说的他说，别人不敢做的他做，这就是硬汉。我很佩服这样的人，但我不希望人们都做这样的人，除非他自愿。做硬汉要承受很多的苦难，否则怎么知道你是硬汉？此外，你不能变节，做硬汉最可怕的就是变节，即做到一半不做了。做人应该有正义感，但是要小心被利用。如果你所知有限，又充满正义感，就很容易被别人拿来当工具。每一个时代都有硬汉，如果说他们真的拿捏合理，就会流芳百世，否则就是无谓的牺牲。人各有志，不能勉强，我们应该尊重每个人对自己的选择，不鼓励也不反对，因为社会需要这样的人。

第二种人是顺民，即唯唯诺诺、听话、保平安、少惹事。老实说，不是硬汉，非要他当硬汉，他很辛苦；不是顺民，非要强制他当顺民，他也很痛苦。在一个组织里面，一定要有顺民，也一定要有硬汉。

如果这两种人你都不想做，那你还可以走第三条路，做隐士，即不闻不问免得生气，反正都是别人的事。这种人既不会有什么贡献，也不会惹什么麻烦。

在这三种人中，做硬汉很辛苦，做顺民划不来，做隐士也不容易。一个人要做到对世事完全不闻不问是很难的。因为我们是社会的一分子，总希望参与社会事务，总需要有点作为，所以隐士其实不容易当。

那怎么办？好在中国人从来没有走投无路的时候，既然三种人哪个都不好当，那就三合一。在中国文化中，除了"孝"以外，还有个重要的观念，就是"合"。中国人之所以聪明，就是能把所有的东西都合在一起考虑。我们尽量当顺民，但是偶尔也会当硬汉，必要的时候又可以做隐士，这种人就是随遇而安。领导看得起我，那我就当硬汉；领导看不起我，我就当隐士，反正我讲的领导也不听；领导对我一般，那我就当顺民。中国人常常是看你对我怎么样，才决定我如何对你。同样一个人，有时候他什么都不管，有时候他很认真、很积极，而有时候他又好像很听话的样子。

该当硬汉的时候，就当硬汉。当年史可法①不可以逃走吗？当然不是，带兵打仗的人想逃太容易了，但是他一跑，这辈子就白活了，如果不跑，就可以万古流芳。人迟早是要死的，要死得其所。这是你可以选择的，所以史可法选择战死沙场。岳飞也是一样，如果他不想回去，别说十二道金牌，就算二十四道金牌也没用。结果他回来了，身遭陷害却流芳百世。

人生不过是四个字而已——心想事成。我们不要把"心想事成"当作祝语，它本来就是事实。但心想事成不意味着你一直说想成功就能成功，老天听不懂人的话，整个宇宙都是信息场，老天只接受你的信息，但听不懂你的话。

什么时候你能掌握宇宙信息场的变化，你就可以心想事成。现在有一种说法是心灵管理，即学会怎样去控制对方的心灵。我相信有一种力量，是到目前为止科学所不能解释的，叫作念力。宇宙非常大，我们已知的部分很小，如果已知的部分是科学的话，未知的部分就是神，如此而已。

每个人要建立自己的价值观，把自己的价值观发散出去造成一种磁场，

---

① 史可法（1602—1645），字宪之，崇祯元年（1628）进士，官至兵部尚书。1645年，史可法率扬州军民与围城清兵展开浴血奋战，终因寡不敌众，被俘，不屈被杀。

物以类聚、人以群分,频率相同的人就是志同道合的人,这个就是所谓的缘分。缘是机会,分就是关系,有缘无分就是说两个人有机会,但始终无法建立关系。

人与人之间要保持适当的距离,否则物极必反,过分亲密就容易吵架。"君子之交淡如水"是有道理的,因为两个人就算是唇亡齿寒的关系,牙齿迟早也会咬到嘴唇的。

处理好自己和自己的关系

要想和别人搞好关系,首先要同自己搞好关系,要能够接受自己。只有接受自己的人,才能使自己的身心得到充分的发展,因而获得和谐的人际关系。你跟自己相处不好,就不会有人跟你处得好;你跟自己处得好,别人才会跟你处得好。所以人要首先了解自己,跟自己相处好,而不是只看到别人。每当面对着镜子的时候,问问自己对镜中人究竟是爱是恨?一个不喜欢自己的人,大概很少有人会喜欢你。可事实上就是有大部分人不喜欢自己,总觉得自己这儿长得不好看,那儿也长得不好看。要改变别人只有一个办法,就是改变你自己,而改变自己不是说去整容,而是接受你自己。当你哪一天接受了自己,就跟自己相处好了,那时你会发现,所有的人慢慢地都跟你处得很好,都开始接受你了。

憎恶自己的人,必然也憎恶别人。不能接纳自己的人,在情绪上常常显得很不稳定,不是有意表现优越,便是相当自卑。这种内心的摩擦,使得不能接受自己的人,同样也会憎恶他人。

如果发现自己的人际关系并不好,不妨反省一下自己和自己的关系如何。先调整自我关系,然后改善人际关系,才是有效的途径。人具有相当程度的自主性,这是人类和其他动物的最主要的差异。

既然人能够自主,一切由自己决定,当然要由自己承担所有的责任。换句话说,一切言行,事实上都要先通过"自己"这一关。自己认可的,才说得出来;自己认同的,才做得出来。所有接触的对象,也由自己来决定。人最先、也最多接触的应该就是自己。

接受自己必须在合理的范围内,过分地爱自己,有时会成为可怕的自恋狂。自恋狂最大的特征是，完全以自我为中心。这种人不但不能欣赏别人的优点，而且从来不怀疑自己很可能具有某些缺点，以致自认为十分可爱。我们最好冷静下来，客观地反省自己究竟有哪些优点，又有哪些缺点。发现自己有缺点，只要实实在在努力去改正就可以了，不必过分憎恶甚至嫌恶自己，以致自我否定，反而容易成为坏人。

　　善于发现自己的缺点，就能够把它变成优点。接受自己有某些缺点的事实，尽量不要让它发展，进而将它转变为自己的优点，才是最好的办法。贝多芬晚年变成聋子，照样谱写传世名曲。人都不是完人，有缺点是十分自然的现象；人也没必要变成完人，"完人"表示把人做完了。对于自己的缺点，固然不可忽视，却也不必紧张。因为紧张无济于事，并不能解决问题。

　　把缺点变成优点，听起来有一些奇怪，怎么会这样？其实任何言行，配合时空的变迁，调整到合理的地步，便是优点。离开了具体的时空，本来就没有什么优劣可言。

　　尽量减少缺点、增加优点，并不意味着让所有人都说你好，想得到所有人的赞美本身就是贪心的想法。大家都说好，未必真的好；大家都说坏，也未必真的坏。特别是多元化社会，同样一件事，有一个人说好，就可能有五个人说坏。我们不能够单凭别人的论断来判定这件事情的好坏，却应该看看赞成的是哪些人，反对的又是哪些人，然后再谨慎地进一步判断。

　　不要太过于在乎别人的批评，听到有人说自己的坏话，要看看说的人是谁。希望每一个人都说自己好的人，往往因过分害怕得罪人而成了乡愿（指外貌忠厚老实，讨人喜欢，实际上却不能明辨是非的人），并不是大家所喜欢的人。

　　因此，听到不同的声音，要先明辨是非，因为不同的人立场常常不一致。凭良心，不讨好，也不刻意为了凸显自己的好而得罪小人，这才是上策。

以实实在在为做人的准则

　　中国人从小就被教育"做人要实实在在，做事要规规矩矩"，这是中国人安身立命的基本原则。中国人虽然处世追求圆通，但始终以务实为修身之本。中华文化一直强调"君子务实"，务实的具体表现为，做人重诚信，不伤害其他人，并且以诚恳的态度对待别人。

"知错能改，善莫大焉"，一个人能认识自己的过错，进而改变自己的行为，正是务实、务本的实践，也是对待自己的最佳途径。

从古至今，获得成功的人不外乎两个途径：一是正道，一是偏锋。以务实的方式来建立人际关系，属于正道；用欺诈的方式来建立人际关系，即为偏锋。循正道成功，才是实至名归，值得敬重。因偏锋而成功，不过是欺世盗名，并无多大价值，徒然惹人背后耻笑。中国人厌恶权术而欣赏艺术，便是由于艺术才是务实、务本的方式与技巧。

成功离不开实实在在做人、规规矩矩做事，但只是实实在在做人、规规矩矩做事并不一定能成功，这只是基础工程。就像打地基一样，地基稳，才能在上面建造高楼大厦，但地基并不等于高楼大厦。所以务实只是本分，守本分之外，需要进一步持经达变，培养自己的随机应变能力。

如何培养自己的随机应变能力？最好是多看、多听，先了解环境，再适应环境，然后再动脑筋改造环境，最后才有能力合理地创造环境。多看、多听、多问，并不一定只限于正面的、好的东西，对于那些负面的、不好的东西也要了解一下，这样有助于防患于未然。记住，此处只是教你多看、多听、多问，但要少说，正所谓言多必失。贸然说出一些话来，固然痛快，却也很快就要承受某些痛苦。但少说并不意味着不说，否则就是矫枉过正。当你看准了、想明白了，再说话，才会言必有中，每一句话都合理，这样比较妥当，也会受欢迎。胡言乱语，不但让别人看不起，而且降低了自己的信用。

在不忘本的情况下权宜应变，才不致乱变。人际关系是不进则退的，就好像一株幼苗，需要时时浇灌才会茁壮成长，否则就会枯死。如果不能随时注意调整，久而久之，人际关系只会转坏而不可能转好。培养自己的应变能力，因时、因地而制宜，才会增进与别人的良好人际关系。

务实的同时必须适当地调整，使"本"稳固。因为所有的事物都是时时刻刻在变化的，必须富于改善意识，运用精锐的眼光，发挥自己的智慧，不断寻求改善。我们常说随机应变，就是说，任何事情都需要因人、因地、因事、因时而制宜，不可以一成不变，但是也"不可乱变"，不可以为了求新求变而忘本。有所变还要有所不变，变来变去都能够务实，才是以不变应万变。

人际关系的建立还有赖于长期地培养自己的声望。同样一句话，声望不够的人说出来，便是人微言轻，很少有人加以理会；换一位有声望的人说出来，马上显得有分量。

养望相当困难，不是一朝一夕所能达成的。培养自己的沟通力，是比较可行的途径。人际关系有许多地方离不开沟通，良好的沟通力，正是建立和谐人际关系的主要方法。沟通能力强，就是说话说得让对方听得进去，让对方乐于接受，能够引起对方的共鸣，进而引发共同的行为。

沟通力良好，才能在和谐的气氛中彼此协调。这时候更需要重视人伦的道理，使大家觉得这种尊重他人的态度值得敬重，也能够使其本人得到相当的信任，久而久之，声望就建立起来了。这是急不得的，必须经过时间的考验。在中国社会，遇到争执的时候，经常会请几位德高望重之人出面调停。难道德高望重之人就一定公平吗？未必，但是大家对他们有信心，知道他们一定会公正，所以将其视为沟通的桥梁。不管他们的评判有没有道理，对立双方都比较方便下台阶。

●●● 第二节　善待他人

人是群居的动物，从一出生起，就避免不了同各种各样的人打交道，尤其是中国社会，人与人的关系很复杂，没有人能逃得过这张巨大而无形的关系网。那我们应该如何维系这张网，即我们如何对待他人呢？

待人需要诚心

朋友相交，贵乎交心，也就是说，知己朋友要心意相通、坦诚相待。诚信是自古以来人们推崇的美德，在人际交往中，如果没有诚信，就会形成尔虞我诈、钩心斗角的局面，那还有什么意思？

　　人与人之间要相互了解才能产生信任，知己知彼才能立于不败之地，这是千古不变的道理。但是，要求不败，除了自己知己之外，还要让好人知己，不让坏人知己。然而，好人坏人很难分得清楚，所以不得不制造若干假象，来掩盖自己的实情。中国人通常会让自己的眼光收敛一些，不流露出真正的感情。

　　戴上面具会拉开人与人之间的距离，完全没有面具等于赤裸裸地站在众人面前，反而容易引诱别人欺诈或利用你。所以我们必须小心，有时把弱点装成优点，有时又要把优点装成弱点，因为防人之心不可无，在没有弄清楚对方之前，以及弄清楚对方根本不怀好意之后，必须谨慎地保全自己。否则一直诚恳待人，反而为人所害，势必使自己从此对诚恳失去信心，结果变成一个奸诈阴险的人，岂非害了自己？

　　中国人的自保心理很重，做起事来难免"遮遮掩掩"。明明是个中高手，却装成一窍不通；喜欢的东西，假装不喜欢；想要的东西，先让给别人；不想来说"要来"，说"不来"却来了。中国人在虚虚实实之间，有很多变化。有些人说中国人骗来骗去，实际上中国人多数重视诚信，不过是因为亏吃多了，自然懂得遮遮掩掩的好处。有时候中国人并不骗人，只是暂时蒙一下，瞒一时，一方面明哲保身，一方面静观其变。出发点是保护自己，而不是欺骗别人，所以也不算是什么善意的欺骗，因而丝毫没有欺骗的意思。

　　人与人相处，用诚恳的态度来感动对方，固然是不可易的原则，但是实际应用起来，这种单一方式很难奏效。有时候需要"设计"一点小花样。这些花样是建立人际关系必不可少的润滑剂，可以使彼此之间减轻摩擦，促进互动。

　　耍花样的人，很容易惹人厌恶，引起反感。但是，完全没有花样，一切直来直往的人也不容易受人欢迎。举个例子，有人过生日，你直接送他礼物，他会感谢，但未必感动。如果你设计一些花样，让他体验到从未体验过的事，他可能会很感动。为什么大多数女人都喜欢浪漫，浪漫不过是在适当时间、适当的地点制造一些花样而已。

　　心正的人，就算花样一大堆，这些花样都是艺术。心不正的人，如果花样一大堆，则是玩弄权术。艺术和权术只一字之差，但性质不同，艺术的基础是诚恳，否则便成为权术，成为破坏人际关系的杀手。前者以心正为出发点，后者则因心不正而表现出损人利己的行为。

对待一些人，可能正常的方法行不通，那就要想点小花样，但千万不可以耍花样害对方。比如，我们常说，请将不成，何不激将。用恩威并施、刚柔相并的方法达到目的，早已有之。运用得当，可以收到奇佳的效果。

对于自负的人，我们越是诚意请求，他就越发得意，不是托故拒绝，便是推三阻四，此时运用反激的方法，会屡试不爽。激将法的要领在于一切为他着想，例如担心他受害，恐怕他不能胜任，唯恐他受人摆布，激起他的自尊心，使他非要表现一下不可。

对于老于世故的人，反激若是没有把握，可以先把他捧得高高的，再暗示他此事非同小可，而且非他莫属，让他自告奋勇。这种正激的方法，使他很难推诿。这对于有能力而退缩一旁的人，具有奇效。

这些小花样，我们不应该排斥，否则很难彼此和谐。这些花样是人际技巧而非伎俩，与以诚相待并不矛盾，因为你的出发点是好的。

不过，权术和艺术，从形式上、表面上看起来，几乎一模一样，以致很多人分不清楚，也看不明白。有人把权术当作艺术，惹来很多反感。有人则把艺术看成权术，极力加以排斥，使得自己寸步难行，还被人视为不近人情。

我们既不可以盲目排斥花样，认为凡是有花样的都属权术，也不能够心术不正玩弄权术，把别人当作傻瓜，自以为聪明地耍手段、玩花样。因为这两种极端的态度，都不得其法，对自己都没有好处。

待人需要友善

对待别人只有诚心还不够，还要有善意。

子路曰："人善我，我亦善之；人不善我，我不善之。"子贡曰："人善我，我亦善之；人不善我，我则引之进退而已耳。"颜回曰："人善我，我亦善之；人不善我，我亦善之。"三子所持各异，问于夫子。夫子曰："由之所持，蛮貊之言也；赐之所言，朋友之言也；回之所言，亲属之言也。"

这段话的意思是：

子路、子贡、颜回在一起谈论待人之道。子路说："别人以善意待我，我也用善意待他；别人用不善待我，我也用不善待他。"

　　孔子评价道："这是没有道德礼义的夷狄之间的做法。"

　　子贡说："别人用善意待我，我也用善意待他；别人用不善待我，我就引导他向善。"

　　孔子评价道："这是朋友之间应该有的做法。"

　　颜回说："别人以善意待我，我也用善意待他；别人用不善待我，我也以善意待他。"

　　孔子评价道："这是亲属之间应该有的做法。"

　　人性原本有善有恶，事实上也可善可恶。一般人偏向性善，"人之初，性本善"，自己抱持善意，期待对方善意的响应，多半能够心想事成。因为中国人是交互的，你对他好，他没有理由不对你好。同样的道理，我们如果一开始就认定对方缺乏诚意，对方也会十分敏感，一下子就看出来，当然也不会诚恳地响应我们，这是十分自然的事情。表现自己的善意，使大家对我们产生比较良好而深刻的印象，才能进一步建立关系。别人注意我们，却产生不良的印象，不如不让他注意，反而更好。所以，我们不但需要引起他人的注意，还需要造成良好的观感。

　　不仅自己向善，还要导人向善。朋友的美德，应该替他宣扬；朋友有缺点，要帮助他改正。闻过则喜是一种美德，可惜做得到的人委实太少，那我们应该怎么办？子曰："忠告而善道之，不可则止，无自辱焉。"意思说，当朋友有过错的时候，要忠诚地劝告他，要好好地开导他，如果他不接受的话，那就要停止，不要去自取其辱啊！

　　指出朋友的缺点或错误时，要先赞美他，然后批评他，最后再赞美他，这样他才乐于接受。也可以借用别人的话来批评对方，譬如，"有人说你相当不近人情，但是我的感觉完全不是这样"或者"我看你整天忙于工作，偏偏有人还在批评你偷懒……"，这样就可以弱化批评的语气。

　　想改掉朋友的坏毛病，最好以身作则，让其耳濡目染，慢慢自己调整。因为朋友之间是互相影响的，我们常常告诫别人，谨防交友不慎，就是因为不好的朋友会给我们带来不好的影响。我们把这种朋友斥之为狐朋狗友，而把那些能带给我们好的影响的朋友称为益友。我们要影响对方，必须先了解他的背景和立场，主动给予配合，才能让他乐意接受。尽可能发现彼此相似的地方，最好能找出他的优点，逐渐喜欢他、关心他。当这些反应传给他以后，他也会有所回馈。彼此都伸出友谊之手，产生交互作用。先承认他言之有理，让他了解我们并不是存心要改变他。然后晓以道理，使他觉得如果换一个角度看也有另外一番道理。当他身心放松的时候，趁机让他自己改变，通常比较容易收效。

表达善意要多替他人着想，站在他人的立场，别人才可能依据交互精神，同样站在我们的立场来合理地回应。大家都将心比心，交集的范围加大，彼此有共识，当然容易沟通而建立良好的人际关系。如果凡事只想到自己而不考虑他人，必然被视为自私自利而得不到他人的支持和欢迎。

想想自己，也想想别人，才能合理兼顾各方面的利益，合乎将心比心的原则。有一句话很通俗，"前半夜想自己，后半夜想别人"。不过有些人前半夜想自己，想着想着就睡着了，从来没有想过别人。

待人需要礼貌

中华文化非常重视"礼"。《论语》上说："不学礼，无以应。"民间也有"礼多人不怪"的说法，可见，在人际关系中，礼貌是不可或缺的。

司马牛忧曰："人皆有兄弟，我独亡！"子夏曰："商闻之矣：'死生有命，富贵在天。'君子敬而无失，与人恭而有礼；四海之内，皆兄弟也。君子何患乎无兄弟也？"

这段话的意思是，司马牛忧伤地说："人人都有兄弟，就单单我没有！"子夏说："我（商）曾经听人说过，人的生死，冥冥中自有天定，人的富贵也完全是由上天安排。君子只要恭敬地修养自己而不犯过错，对待他人谦恭有礼，那么在四海之内的所有人，都是兄弟啊。君子又何必忧愁没有兄弟呢？"

礼貌的作用，一是使大家相处愉快；二是使大家在一起时，秩序井然；三是为表现合乎自己的身份；四是为发挥以让代争的精神。做一个谦恭有礼的人，别人自然会喜欢你而与你亲近，你又何必做"司马牛之叹"？

对人有礼貌，不见得马上有实际的效益。有些人急功近利，认为有没有礼貌，人家又不能把我怎样，何必约束自己，处处讲求礼貌？有些人注重形式化的礼貌，却丝毫不关心人，令人觉得此人很虚伪。

待人需有差别

虽然与我们打交道的人众多,但我们却不会一视同仁。中华文化中形容交情的词有很多:点头之交、泛泛之交、患难之交、刎颈之交、莫逆之交、生死之交……这些词多以交情深浅而划分,这就告诉我们,对待交情不同的人应该采取亲疏有别、差别对待的态度。

对只是认识但并不熟悉的一般人,我们仅限于礼貌性地打招呼,谈不上什么信任不信任的问题。逐渐互有交往,增进彼此的了解,成为熟悉的朋友之后,虽然也交换一些意见,但多是闲聊,毕竟交浅不言深,不可能涉及不足为外人道的题材。熟悉的朋友当中,有一些信得过的,慢慢变成好友,再进一步成为密友,这才放心商量一些私人的问题。密友经得起再三的考验,切实可以交心的,才会变成知己。

比如《三国演义》中的刘备,虽然将关羽、张飞、赵云都视为兄弟,但他对三人的感情并不同。关羽、张飞是他的结拜兄弟,三人自桃园结义开始,便亲如一家,刘备所说的"妻子如衣服、兄弟如手足"指的也就是关羽、张飞二人。而赵云的地位则不同,关羽曾说:"翼德吾弟也;……子龙久随吾兄,即吾弟也:位与吾相并,可也。"一句话点明了赵云的地位,不过是因为他战功卓著,加上忠心耿耿,所以从情分上视为兄弟而已。

其实每个人都会谨慎区分自己的知己、朋友、熟人,我们如此对待别人,别人也如此对待我们,这都无可厚非。所以,在人际交往中,我们还要掂量一下自己在别人心里是何分量。如果你和别人是知己,完全可以无话不谈,他有什么过错,你都可以委婉指出;如果你和别人只是熟人而已,则交浅不可言深,以免犯了别人的忌讳,埋下祸根。

要想交到知心的朋友,离不开感情的投入,即从对方的立场去考虑其想法,以了解其感受、要求和苦恼。这种感情投入是自发的,不计较产出,你自然会因此得到许多朋友。如果你是为了获得回报才投入的,总是想着"我对你好,你一定得对我好",那你很可能得不到他人的回馈。

人和人打交道不应该点到即止,如果你认识的人都只是泛泛之交,而无一个知心朋友,那又怎会有乐趣呢?我们认识别人,并不会只是抱着认识的目的,而是想通过交往熟悉起来,成为朋友。

第三节 三大禁忌

人际关系有三个破坏因素：锋芒毕露、自负和轻率。如果你有这三个毛病，最好马上改掉。

一个人锋芒毕露，其人际关系不可能好。很多年轻人都有这个毛病，到哪里都要变成焦点，别人讲话他要插嘴，对什么事情都有意见……这些都是锋芒毕露的表现。锋芒毕露不一定会出人头地，因为所有的人都会找机会把你的锋芒除掉。很多人年轻时有棱有角，后来却变得很圆滑，就是因为受了很多打击。

自负也是破坏人际关系的主要因素。很多人刚上大学的时候，眼睛长在头顶上，只看到天，没把别人放在眼里。到了大二之后，挨老师的批评多了，眼睛才慢慢长到下面来。

尤其现在把大学分等级后对年轻人的影响更大。不是一流大学毕业的学生，底气都不足。但是社会风气就是这样，而且全世界都这样，比如日本，只要一个人上了东京大学，他这辈子什么问题都解决了，职业有人给他找，老婆有人给他找，房子有人给他找，他什么都不用操心。这就造成了一些年轻人进入名牌大学以后，目空一切。结果在工作时，很难与别人合作，管理他也非常困难，除非你都听他的，而他又不成熟。所以，企业只好让他做可以独立完成的小项目。

西方人一直强调人要对自己有信心，但我认为，人应该对老天有信心。什么叫老天？老天就是自然，人是自然的一部分，必须服从自然的规律。

中国人讲究天人合一，伏羲氏当年就是从自然的景象体会出人应该是怎样的。伏羲说，天、地、人，曰三才。意思是说，只要三个人在一起，其中有一个人像天，有一个人像人，有一个人像地，像天的人就要领导其余两人。皇帝自称天子，是因为只有他才能够代表天；地是很踏实的，它要承受所有东西，负荷力最强；人要承上启下、顶天立地。三个人在一起，角色不同，互相配合，才能相处愉快。

因此，每一个人都不能有锋芒，一切要顺乎自然，这是中国人一向的主张。花长得美，就会被摘掉；树长得直，就会被砍掉；人有才能，就会遭打击。所以一个人要修炼，要有内涵，不露锋芒，就会有前途；一个人很自负，自认为了不起，那就叫作无法无天。

轻率，就是做什么事情都不经过大脑。自以为很聪明，实际上就是轻举妄动。遇事不要立即反应，因为每次发生的事情都很特别，历史虽会重演，但从来都是大同小异，所以谁也没有绝对把握能处理好。

很多人经常说要按照惯例办事，但每次的事都不同，何谈惯例？所以，同样的事结果往往不一样，有走运的也有不走运的。有些人开车闯红灯被抓，第一反应是倒霉，从来没有人主动承认"我违规了"。被抓的人肯定想："前面的车闯红灯警察没看到，后面的车闯红灯警察没来得及抓，所以只有我倒霉。"

一般人遇到刺激就会乱说话，事后才后悔，而闭上嘴后，这个刺激会迫使大脑飞快地运转，积极思考问题，这叫作"谋定而后动"。千万不要急于显示自己很聪明而立即反应，否则你会后悔的。我们都不是神仙，每一个人都有一些缺点，最要紧的就是告诉自己："我很有能力，但是我不要随便表现。"

因为我们不是西方人，西方人一生只做两件事，一件是Show，Show就是作秀的意思，西方人有什么才能，一定要表现出来。另一件是Tell，Tell就是告诉别人我表现了什么。西方人不断地表现，而且到处去告诉别人，自己能做什么。中国人遇到事情都先说"我不会"，然后看大家都不会，才说"我来试试看"，结果做得非常好。

你问一个美国人最近在干什么，他什么都告诉你；你问一个中国人最近在干什么，他什么都不会告诉你，因为他的第一反应是"你问这个干什么"。你问一个美国人"你会打乒乓球吗"，他会就说"会"，不会就说"不会"；你问一个中国人会打乒乓球吗，他一定说"不会"。中国人不敢说"会"，否则对方会很认真地跟你打，把你打得惨败，然后还笑话你："你这样就算会啊？那谁不会呢？"这不是自取其辱吗？

中国人为什么会立于不败之地？就是因为我们很会保护自己。比如，有人问："对这件事你有什么看法？"中国人肯定说："我不懂。"这样，就没有任何责任了。然后他听听大家的看法，听来听去觉得还没有自己懂得多，于是就站起来说："我刚刚想到怎么办，让我试试看。"结果不言而喻。中国人在没有确保安全的时候，不会轻易出手。

情势不停地在变，我们要特别机警，有任何风吹草动，先闭上嘴，赶快动脑筋，找到当前的合理点。全世界最受老天关爱的人有二：一是犹太人，一是中国人，他们所受的磨难最多，但是最聪明。

全世界公认犹太人最会做生意，但有一个犹太人跟我说："全世界最会做生意的是中国人，不是犹太人。"

所以说，一个有能力就表现出来的人，是没有什么前途的。

第三章
十大要领是人际关系的催化剂

十大要领通俗易懂，学会以后一辈子都不会忘记。要领虽然只有十个，但内涵丰富，不可局限于字面上的意思。按照这十点去做，基本不会产生太大的冲突。

中国人从小就被培养要有建立正确的人际关系的意识，中国人的一切都是从人际关系开始的。成功的人际关系，是中国人共同的愿望。中国人普遍相信一条定律：在家靠父母，出外靠朋友。"靠"的意思，当然是"依靠关系"。于是靠得住或靠不住，便成为中国人十分重视的变量。靠不靠得住，必须经过比较长时间的考验。而朋友众多，选择靠得住的朋友的几率也比较大。中国人主张"四海之内皆兄弟也"，便是希望广泛地结交朋友，然后从中寻找知己。就算不能成为知己，朋友也总比陌生人要好得多。

很多人用一生来寻觅若干与其具有良好人际关系的知己，以期成大功、立大业。如果说中国人一生都在努力建立靠得住的关系，大概并不为过。伯牙、子期虽然谱写了《高山流水》的千古绝唱，但在现代社会，像伯牙这样的人却不值得推崇。知己难逢，我们最好扩大交友的范围，然后由疏而亲、由浅及深，在众多的朋友中寻觅知己。

为了建立良好的人际关系，我们需要掌握一些技巧。庆幸的是，中国人善于把复杂的东西简单化。人际关系的建立技巧可以简化为十大要领，分别是：一表人才、两套西装、三杯酒量、四圈麻将、五方交游、六出祁山、七术打马、八口吹牛、九分努力、十分忍耐。这十大要领是建立良好人际关系的要诀，缺一不可，必须合理应用，以确保成效。十大要领通俗易懂，学会以后一辈子都不会忘记。要领虽然只有十个，但内涵丰富，不可局限于字面上的意思。按照这十点去做，基本不会产生太大的冲突。

十个要领可以归纳成五个方面：人际关系的起点、人际关系的媒介、人际关系的交往、人际关系的技巧、人际关系的修养。这五个方面，中国人用一句话就可以概括，即"一阴一阳之谓道"。这十个要点就是道，归纳成的五个方面都是一阴一阳、两两相对的，例如，一表人才是指先天的，两套西装是指后天的。

● ● ● **第一节 一表人才**

一表人才有三个重要的含义：第一，一表人才通常叫作第一印象。当你看到一个人的时候，首先会对他有个初步的印象，这就是第一印象。在现实生活中，千万不要用第一印象来论断一个人，这是很危险的做法。因为外表看起来很忠厚的人，内心可能非常阴险；外表看起来很聪明的人，实际上很可能是个草包。外表不能够代表人的全部，有很多人就吃过这个亏，只凭第一印象判断别人，这种做法太武断了。

第二，很多人都会凭第一印象来论断你。这就是一个事情的两个方面：你不要犯这个错误，但是你无法禁止别人犯这个错误。太多的人都是凭第一印象来决定他喜不喜欢你，甚至很多年轻人凭第一印象来找自己的终身伴侣，即所谓的一见钟情，结婚后才发现彼此根本不适合，结果只能草草结束婚姻。

第三，外表有利也有弊。并不是说人长成什么样，就一定有什么样的成就。人的脸孔是经常改变的，这是自然的转变，而不是要做整容手术。所谓相随心转，就是说心在改变，相貌就跟着改变。所以你跟别人见面时，不要再讲这种老话："好久不见，你一点都没有变。"这是骂人家不长进。从生理的角度讲，人体一直在进行新陈代谢，经过一个周期，人体的大部分细胞都会更新，所以人时时刻刻都在变。

不要以貌取人

我们都知道，不要以第一印象来论断别人，因为人不可貌相。一眼就要看穿别人，实在非常不可靠。但是，别人常常以第一印象来论断我们，往往在第一次见面时，就表现出欣赏或不屑的样子。

人际关系与人的长相并没有必然的联系，不是说人长得漂亮，人际关系就好，人长得丑，人际关系就差。但不可否认，有人靠长相，在处理人际关系时占了很大的便宜，同时也有人因长相吃了很大的亏。举个例子，在《三国演义》中，最出色、最具传奇色彩的恐怕要属诸葛亮了。但不要忘了，当时还有一个与诸葛亮齐名的人，就是庞统，"卧龙、凤雏，得一人可得天下"，可以说二人的实力差不多。可是二人的际遇却大不相同：刘备三顾茅庐，才请得诸葛亮出山，并奉诸葛亮为军师，以师礼待之。而庞统虽然巧献连环计，帮了刘备一个大忙，却需要拿着诸葛亮的荐书去谋个一官半职，最后刘备只派他当个耒阳县令，要不是张飞误打误撞，使庞统展现出过人的才华，估计他一辈子就是"县太爷"的命了。诸葛亮成为蜀国的丞相，帮助刘备三分天下，而庞统可以说寸功未立，就惨死于落凤坡。

为什么实力相当的两个人，际遇如此不同？是庞统浪得虚名吗？不是。我们来看书中对诸葛亮的相貌描写："孔明身长八尺，面如冠玉，头戴纶巾，身披鹤氅，飘飘然有神仙之概。"再看庞统："（孙）权见其人浓眉掀鼻，黑面短髯，形容古怪，心中不喜"。"玄德见统貌陋，心中亦不悦"。

这恐怕就是关键所在。就因为庞统长得难看，估计又形成恃才傲物的性格，所以孙权不喜欢他，刘备也不喜欢他。我想，他初见刘备之时，就算拿出诸葛亮的荐书，恐怕刘备也只是碍于情面，封他一官半职，而非真正欣赏他的才华。这就是第一印象的重要性，也是以貌取人的代价。

我们不能以貌取人，但是也不能忽视别人的长相。一表人才也提醒我们仔细端详别人的长相，因为相貌在一定程度上反映了人的内心世界，即"相由心生"。但是，如果完全凭一个人的相貌来判断他的心，就容易犯致命的错误。

人是很善于伪装的，所以要特别小心，看人的时候要多看几遍，要多来往几次。

看一个人，最重要的就是要看他的眼睛，眼睛是心灵的窗口：一个人目露凶光，说明他很凶狠；目光暗淡，说明他没有什么能力；双目无神，说明这个人的运气不好。当一个人看到你，目光就闪烁不定，根本不敢跟你对视，要看他是男人还是女人。一个男人想骗你的时候，他根本不敢看你的眼睛，而是会躲来躲去；女人则刚好相反，她在盯着你的眼睛的时候才开始骗你。这就是男女有别，不要上当。

在人际交往中，几乎每个人都带着一个面具。随着人际关系的加强，你要使他主动拿掉面具，达到真诚交往的目的。但是你不能要求每个人一见面就很真诚地对你，这是不太可能的事情。

真诚是一个人重要的美德，但是原本很真诚的人，会变得非常不真诚。很可能是因为他真诚待人，上过几次当以后，就对真诚失去了信心，变得比谁都不真诚了。所以，我们培养人际关系的时候应该记住，要谨慎地保护自己，使自己永远对真诚有信心。只有步步为营的人，才会少吃亏，而少吃亏，才能保持真诚的态度。

其实中国人的相互信任感是很低的，一开始都不太相信别人，因为历史往往证明，轻信肯定吃亏。所以中国人的谨慎小心，归根结底不是为了耍别人，而是为了保持自己对别人的信赖感。

提升第一印象

既然你无法阻止别人以貌取人，那么，在外貌方面你该讲究的还是要讲究。为了防止别人以第一印象论断你，避免受到鄙视或排斥，丧失建立人际关系的大好机会，你必须用心调整自己，表现出"一表人才"的样子，使人一见面就产生比较良好的印象，对建立及开拓人际关系，有相当程度的帮助。

有人认为外在美不重要，内在美才是最重要的，因此理直气壮地忽视外在美。殊不知，如果不先展现自己的外在美，谁会有耐心慢慢发掘你的内在美？

当然，你无需因别人错误的要求，就扭曲或压抑自己的形象，虚伪做作是不会讨人喜欢的；也无需因为完美主义作祟，而压迫自己原有的形象，过分追求外在美，把自己打扮得油头粉面的。在与人相处的过程中，应该尽量表现出真正的自我形象，没有虚饰，也没有伪装。当然，每个人都应该努力使自己的真实形象变得更美好。美国总统林肯说过，人四十岁以后要对自己的相貌负责。就是说，人的相貌是天生的，但是成年之后，我们的经历、我们的体验、我们的情感会在自己的脸上留下痕迹。到四十岁以后，人的先天相貌已不重要，重要的是人在后天所形成的相貌。有的人四十岁时仍然精神焕发，有的人则老态龙钟。决定这一差别的很重要的一点，就是心态。

要想提升自己的形象，我的建议是：

第一，要保持身心健康。一个身心健康的人总是容光焕发的，只要健康，你长成什么样已经变得不重要了。你长得再漂亮，脸色灰灰暗暗，目光无神，也不会引起别人的好感。

要想做到"一表人才"，最好的办法是靠内心的修炼，即真心诚意，不胡思乱想，慢慢地你的相貌就会变得端正。好不好看是另外一回事，最起码要相貌端正，使别人不会对你产生提防心理，不会看到你就害怕，然后会乐意跟你接近，喜欢跟你沟通。你能做到这一点，你的人际关系就会发展得比较快。

所以，人每天早上起来，不是看自己长得怎么样，而是看以下几个方面：

鼻梁正不正。鼻梁不正，代表心不正。你没有办法把鼻梁扭过来，只有调整心态，哪一天心态端正了，鼻梁就会正了。所以照镜子是看鼻子的两边对不对称，不对称的话，就说明你的心思歪了。

看自己的气色好不好。气色不好，就说明你的身体有问题，而且给人的感觉也不好。

再看自己的心情好不好。一个人际关系良好的人，一定要有好心情，心情不好看到谁都不顺眼。当你心情不好的时候，要尽量掩饰，但是掩饰不意味着装笑脸，不要给人皮笑肉不笑的感觉，只要不表现出愤怒、悲伤等情绪就好。

第二，提高自身的学识修养。一表人才，主要来自一个人的学识修养。先天相貌由父母的遗传决定，后天相貌则可以经由自己的学习、通过"相随心转"的运作来加以改变。学识丰富、内心充实、行为端庄，加上仪容整洁，不就是一表人才了吗？心一改变，外表也跟着改变，不妨试试看。

正确认识自己

每一个人长得都不一样，即使是双胞胎，也有微小的区别，这叫作个别差异。可是你想过没有，为什么老天要费那么多心思让我们每一个人都长得不一样？这表明上天不喜欢我们一模一样。而今天的教育要把每个人都培养成一样的人，是违反天理的。社会需要各种各样的人，"不拘一格降人才"，"天生我材必有用"，是"用"在不同的地方。所以，我们即使长得不好看，也不必介怀，生下来是什么样子，就要接受这个样子。明白这一点，就比较容易了解自己。一个人照镜子不是为了看自己美不美，而是看自己到底是什么样子，想想自己是来干什么的。有的人永远都不清楚自己这辈子到底要做什么。

随着时间的变化，每个人给别人的印象也会发生变化。人大概可以归纳成四种：第一种，第一眼看上去会觉得他很了不起，然而越看越觉得他没有什么；第二种，第一眼看上去觉得他很了不起，然后越看越觉得他了不起；第三种，一开始就觉得他不起眼，事后证明他的确很不起眼；第四种，一开始觉得他没什么，越看越觉得他了不起。通常是第四种人将来成就最大，因为他不会引人注目，不会遭受别人的打击。凡是长得很漂亮的人，都会引起别人的戒心。所以很多中国人聪明却不喜欢外露，就是这个道理。

每当我们照镜子的时候，都要反省一下：自己现在做的事正确吗？

我们在安排自己人生的时候，要记住适可而止。不要奢望达到人生的顶点，这是错误的观念，爬过山的人都知道，一旦爬到了顶点，就开始走下坡路。没有达到人生的顶点，你是很快乐的；一旦达到人生的顶点，你就会苦恼不堪，高处不胜寒，但这是你自找的。人最怕的就是盲目地要往上爬，真是没有必要，人应该不断地充实自己，而不是盲目地向上升迁。在处理人际关系的时候也要记住这一点：你不断地充实自己，这样很多人都喜欢跟你在一起；一旦你不断地要往上升，你必定要排挤别人，必定要踩在别人头上，别人看到你就有危机感。

人要有上进心，但并非要不断地升迁。找到你最快乐的位置，找到你最喜欢做的事情，才有意义。如果你有这样的人生观，你的人际关系自然会改善，你的"一表人才"会自动显现。不管你长得怎么样，很多人都会喜欢你。很多人是由不了解到慢慢了解，由了解到彼此相交很深；也有很多人是因不了解而彼此交往很深，因了解而分开的。

第二节 两套西装

两套西装与一表人才说的都是外表，但是二者的重点不同。一表人才指的是人天生就具有的东西，比如，你的头发长得什么样，你的额头高不高，你的鼻子直不直，你的嘴巴大不大……而两套西装是指后天附加的东西，比如，你戴什么帽子，戴什么眼镜，穿什么衣服，打什么领带……这些都是两套西装的范围。

一表人才与两套西装是人际关系的起点。你的人际关系好不好，首先看你的本钱。你是不是一表人才，是不是会打扮自己，这就是本钱。

外在表现与内在表现同样重要

两套西装是指外在的、后天的东西。在这里，两套西装也有三层含义：第一，就是"佛要金装，人要衣装"。穿衣服有两个作用，一是保暖，一是尊重别人。什么场合穿什么衣服，不能由你的兴趣决定，因为人是要合群的，要合群就必须要彼此尊重。比如，你要去游泳池，就要换上泳衣，倘若你穿戴整齐地走进去，会被当成怪物；一旦你离开游泳池，就不能再穿泳衣，哪怕是短暂的离开也不应该。你没有换好衣服就是你的不对，就是看不起别人，就是给别人难堪。我们一定要有这样的观念。

故 事

文学家但丁有一次受邀参加国宴，故意穿得破旧邋遢，丝毫不起眼，一进宫门，立刻被安排在宴会厅的偏僻角落，没有被盛情款待。等他再接受国王邀请时，改以华服美饰装扮出现，结果立刻被邀至国王身旁的贵宾席位。

宴会进行中，但丁把美酒倒在衣服上，把美食往身上涂，国王以及宾客们都看傻了眼。这时，但丁说，这次所以被礼遇是因为这套衣服，可见被邀请的是衣服，而不是他本人。

看完这个故事，人们可能有不同的感想，如果你认为国王的仆人势利眼，对华冠丽服的人另眼看待，也没错。可是按照中国人反求诸己的想法，其实错在但丁。他不修边幅，被安排在偏僻角落，无可厚非。他故意如此，反过来责备别人，就有故意使人难堪之嫌。

第二，什么身份穿什么衣服。有的人经常被别人当作不三不四的人，那也没办法，谁叫他打扮得不三不四的。不合乎身份的打扮，对你是非常不利的。我曾亲耳听见一个老板说："某人各方面的才能都很好，就是他老穿那套衣服，我实在没有办法提升他。"因为衣服丢了前程，太不应该。不要讽刺别人"只认衣衫不认人"，其实错在自己。

不止是衣服，你的发型，你的眼镜……你身上所有一切外加的东西，都要符合场合。

第三，穿着要合禁忌。就是说，你的打扮不要犯了忌讳。在中国，喜庆穿红，丧事穿素，如果你硬要反过来，就是存心找别扭。

人的外表应符合社会文化背景

西方人对别人充满了好奇，所以他们经常改变自己，以吸引别人的注意。中国人追求长远，希望慢慢地互相了解。你该变的部分变化了，别人都能接受，而你不该变的部分总是在变的话，别人就会接受不了。当你变到让人家对你失去信心的时候，你就会被视为"不定时的炸弹"，别人也会对你敬而远之。

一个不会给别人难堪的人，人际关系会比较好。如果一个人平常都很支持你，突然间当面给你难堪，你以后就会疏远他。西方人可以当面说："我不赞成你的意见。"中国人一般不会这样做。

文化不同，人们的表现也不同。假如一个老板大声斥责员工："你去死！"员工该怎么做？如果员工同样怒不可遏，对老板说："你去死！"试问，这样的员工谁敢用？当然，员工也不可能真的去死。他应该说："好的，我这就去死。"然后，该干什么还干什么。中国人犯不着当面去反驳别人，但背后可以不照他的意思去做。西方人说"我去死"是真的要去死，而中国人说"我去死"，不去死又怎样？我们有太多的自由，干吗学西方人呢？

凡是后天学习的东西，千万要符合文化背景。一个西方人说"我要退休了"，就会真的退休。一个中国人经常说"我要退休了"，结果十年都没有退休。西方人说了却不做，就会失去信用，受到别人的质疑；中国人说："我一直都想退休，领导不让我退休，我有什么办法？"照样生活得很好，别人也会见怪不怪。就单纯拿穿衣服来说，中国人结婚时新娘子喜欢穿红衣服，越红越喜气；西方人结婚时新娘子会穿白色婚纱，象征圣洁。文化不同，习俗也不同。

人际关系离不开社会的文化背景。有些事情在西方国家可以做，但在中国还是少做为妙。不过有很多事情，我们都接受了错误的信息。没有去过外国的人，都是通过电影、电视了解外国人的，然而，电影、电视所传达的信息往往有误差。

比如，在电影上看到的美国人在家里都穿拖鞋，据我所知，美国人从来不穿拖鞋。就算家里铺着雪白的地毯，客人照样穿着皮鞋走来走去。主人没有权力叫客人换鞋，客人也不需要换。

美国人家里干干净净，如果家庭主妇们需要到外面取信、晾衣服，也都是光着脚出去的，根本不用穿鞋。美国人的观念是外面和里面一样干净，为什么要穿鞋？所以不要相信道听途说。

每一个人都应该有基本的标准，不能乱来，规规矩矩，人际关系才会好。比如，很多人吃自助餐，在取食物的时候，还聊着天，把口水都喷到食物上了，这是吃自助餐的大忌。

像这些外在的表现，我都归入两套西装的范畴。也就是说，凡是外加的东西，都要符合你的身份，符合场所，符合文化背景。每一个人要选择自己合适的东西，不要盲目地跟潮流。

所以，建立人际关系的时候，要特别小心。一个人如果给人以不伦不类的感觉，就会降低人们对他的信任度。

一个人穿惯了休闲装以后，穿正装会觉得不舒服。人一旦习惯了放松的状态后，再想绷紧会痛苦不堪。所以，不要让自己的身体太舒适，一旦懒散就很难严谨起来，要去磨炼它。在精神方面，人越舒适、越自由越好，但身体方面要多加磨炼，要让自己吃一点苦，才能走更长远的路。

所以，只要你站得住，就不要坐下；只要你坐得住，就不要躺下。人活着就是要承受磨炼，否则就无法形成必要的抗压性。现在，人的压力越来越大，如果没有抗压性，很容易走到崩溃的边缘。

一表人才与两套西装，都是告诉你，要随时准备好与别人见面。你必须接受自己的面貌，哪怕天生有缺陷也要坦然接受。我曾经遇到一个盲人，令我很佩服，他说："正常人只有两只眼睛，而我全身都是眼睛。"

天生我材必有用，不管你缺乏什么，都可以想办法补全，这才是自信的表现。不要把信心建立在成功上面，总想着"我一定要成功"并没有什么用。"我既然活下来就不会饿死"，这才是我们的信心。"只要我动脑筋我一定有办法"，"只要我喜欢自己，别人一定会喜欢我"，要有这样的信念，然后再去调理自己，实现有形和无形的变化。这样，你很快就能建立令自己满意的人际关系。

●●● 第三节 三杯酒量

三杯酒量并非只是指喝酒而已，烟、茶等能吃（喝）进自己的肚子里的东西，都属于三杯酒量的范围。人与人之间的互动需要一些社交活动，喝酒、品茶、喝咖啡、吃饭等并非只是吃吃喝喝，填饱肚子，而是必要的社交方式，能传达很多意思。这些吃吃喝喝的活动，是增进彼此关系的手段，完全不予理会，并非良策。适时、适地、适质也适量地参与，彼此愉快，而且能确保安全。

爱好并非是坏事

当一个人不断地充实自己，使得自己具备很好的条件时，别人看到你就会喜欢，就会想办法来跟你互动，你就是一表人才；加上你的衣着打扮恰如其分，你就已经在人际关系方面站到了非常好的起点上。可是，你有这样的优势，却舍不得跟别人交往，把自己封闭起来，那就叫作独善其身，或者叫作孤芳自赏，人际关系还是没有办法开展。所以一个人条件再好，也要有诚心去交朋友。

　　三杯酒量就是人际关系开展的媒介。为什么要谈酒？中国人最清楚，在家靠父母，出外靠朋友。朋友的"朋"字，不是两个月亮，而是两块肉的意思，而且这两块肉还是臭的，如果是香的就变成两条狗了（狗肉通常被称为"香肉"）。因此我们才说，朋友就是臭味相投的人。你喜欢打麻将，我也喜欢打麻将，我们就会很自然地凑在一起；你喜欢钓鱼，我也喜欢钓鱼，我们很快就会志同道合。所以当你要结交一个朋友的时候，最好的办法就是打听他到底喜欢什么，投其所好。

　　当一个人没有什么名气的时候，你要认识他很容易，他也很乐意认识你。可是一个人有了名誉、地位以后，就很怕陌生人去打搅他。你登门拜访，他不见你；打电话，他通常会挂掉；你托人介绍，他把介绍人也拒之门外。这时，最好的办法是打听到他喜欢什么。比如，你要向一个人推销汽车，打听到他喜欢钓鱼，那你就赶快去练习钓鱼。然后打听他喜欢在哪个地方钓鱼，你也去钓。你千万不要一开始就坐在他旁边，就跟他说你喜欢钓鱼，这样他会马上提高警觉，认为你不怀好意。你只管钓你的鱼，并且假装没有看到他，你越不在乎，他就越不防备。慢慢地，你们就可以很自然地凑在一起，他如果问你是做什么的，千万不要马上把名片拿给他，这样就前功尽弃了。你只有若无其事地钓鱼，他才会觉得你的动机很纯正，对他没有什么企图。通常在这种情况下，他会告诉你自己是干什么的，而你什么也不要说，欲速则不达。

　　等他非要了解你是干什么的，你才可以告诉他："我是卖汽车的。"他可能会说："你怎么不早说？我前两天刚买了一辆，你早说的话我就向你买了。"你应该说："没有关系，我来这里主要是钓鱼，生意可以另找时间去做。"你这样说，他反而会主动为你提供信息："我的朋友还要买汽车，我打电话叫他买你的。"

　　这样一来，你就掌握了主动权，不要总去求别人，要做到让别人来求你。

　　一个人要懂得布局，也就是说设下圈套，让别人掉进来。不要以为这是奸诈、耍阴谋。任何事情，你往好处想它就是好的，你往坏处想它就是坏的。两个人有共同的乐趣，才容易情投意合，进而志同道合。可是要了解一个人很不容易，因为中国人有一句话，叫作"防人之心不可无"，人心隔肚皮，不能不防。跟中国人讲道理，非常困难，因为我们只相信自己的道理，从来不相信别人的道理，我们很固执，经常自以为是。但这不是缺点，我从不认为中国人有什么缺点，一个人的缺点就是他的优点，一个人的优点正好是他的缺点。要想建立人际关系，就不要有缺点、优点的观念。

一个人喜欢喝酒好不好？没有什么好不好。人与人之间隔着一层假面具，很难彼此诚心诚意地沟通。要使一个人对你不设防，有两个办法：其一是请他去泡温泉，这时大家都赤裸相对，会暂时摘下假面具。其二是请他去喝酒，酒一喝多，就会把持不住。

凡事要适可而止

据说我国各地出土了大量的酒器，有些酒器的年代非常久远，这说明中国人很早就懂得喝酒。为什么要喝酒？为了酒后吐真言。交朋友很容易，要变成知心朋友就非常困难。人生最快乐的，莫过于有几个知心朋友。如何彻底了解一个人？最好的方法是把他灌醉，看他醉后是什么样子，你就可以判断这个朋友可交不可交。

喝酒的本意就在于此，但事实经常是你把对方灌醉了，却不知道他是什么样子，因为你也喝醉了。会喝酒的人能让别人醉，而自己保持不醉。

酒这个东西，很容易使人茫茫然，控制不了自己，然后很自然地流露出自己的本性。我五六岁的时候，我的祖父就让我喝酒。后来我就问我祖父："我那么小，你怎么就让我喝酒？"他说："我得知道你醉了以后是什么样子，才有办法教导你。"

人就怕醉了以后乱讲话。因为每一个人都有很多秘密，坦白地说，我们是靠合理的秘密在过日子的，人与人之间几乎不可能完全没有秘密。因为人们的立场不同，对一件事情的看法就不一样，所以关系很难协调。适当地隐瞒一些，可以维持正常的关系。

这种隐瞒，如果按西方人的标准，就叫欺骗；如果按中国人的标准，就算不上欺骗，因为我们的出发点只是不想让对方生气。中国人是很诚实的，绝不欺骗，只是没有讲实话而已。这个标准在西方是不成立的，西方人认为，你没有讲实话就是欺骗。

吸烟只有坏处，没有好处。但是酒少喝有益，多喝有害。所以我们只说"三杯酒量"，没有说"两盒香烟"。全世界的人都知道吸烟有害健康，但是还有大量的人在吸烟，可见吸烟也有它的道理，因为社交场合所有人都吸烟，你不吸的话，就融不进他们的圈子。但为健康考虑，还是不吸为妙。

记住，人是主宰，烟酒只是工具，你不能让它们反过来控制你。所有的社交工具、社交媒介都是为我们所用的，我们一定要抓住主控权，绝不做物质的奴隶。一个人如果变成物质的奴隶，非怎么样不可，是很凄惨的。任何活动只要你不沉迷，不上瘾，都没有多大坏处。

可是千万记住，所有的媒介一定要有正当性。酒和色经常是纠缠在一起的，而色情是高度危险的东西。男女之间，一定要坚守最后的防线，一旦攻破了你就全完了。但是很多人都陷了进去，从来没有觉悟过。已婚男女之间只能有友情，不可以发生爱情，这是三杯酒量的一个重要原则。

酒桌交际的技巧

很多时候，人都是在迫不得已的情况下喝酒的。没有一个人，一入席就把杯子翻过来，说："我们今天不喝酒。"这种人是不受欢迎的。有的人喜欢喝，你凭什么说"今天不喝酒"？或者你说："我今天不喝酒。"这样做，你就会跟别人格格不入。

我的酒量并不好，但是我从来没有醉过。第一，我从来不说"我不会喝酒"，这种话一说出来，就会打草惊蛇，所有的人都想把你灌醉，因为你最容易醉，不灌你灌谁？这是自找麻烦。第二，我不主动去敬酒。第三，任何人敬我，我都毫不推脱，然后很快拿起杯子，猛喝一口，结果一点也没喝进去，我做了一点手脚。

在喝酒的场合是不能讲道理的，当然你最后还有一招，就是把医生给你开的证明拿出来摆在桌上，说"再喝就会死"。但是这样的话，所有人都会很快跟你疏远了，你就失去很多交往的机会。

所以，三杯酒量要求你要有起码的社交活动的本事：乒乓球打得不好，但是最起码要能应付；桥牌打得不好，最起码知道怎么跟别人配合；麻将打得不好，最起码不要讨厌打麻将的人。

做人要坚持原则，但态度要随和，这是孔子所讲的"和而不同"，不要标榜自己跟别人不一样。要随和，但是也要坚持原则：要喝酒就喝，但绝不喝醉；要打麻将就打，但绝不赌博；要钓鱼就钓，但绝不沉迷。人永远要做自己的主宰，不要变成任何人或者任何神的奴隶。

总之，三杯酒量要求我们，不要以自我为中心，否则你一个朋友都交不到；也不能沉迷，否则后果堪忧。

●●● 第四节 四圈麻将

这里的四圈麻将与上面的三杯酒量一样，范围很广，打球、跳舞等不会吃（喝）进肚子里的东西都属于此范畴。很多人对打麻将非常不屑，其实如果把它当作一种社交活动的话，它就无可厚非，但沉迷于赌博就不好了。

三杯酒量与四圈麻将都是人际关系的媒介。也就是说，要想建立人际关系，就要投入到这些有形无形的活动中，这样才能同他人加强交往，才能维持人际关系。

打麻将不一定完全有害无利，不必对麻将深恶痛绝，但要适可而止，不影响健康，也不妨害正常生活，才能宾主皆欢。

我们当然不会鼓励别人都去打麻将，但是我们也不鼓励大家对打麻将深恶痛绝。因为世间一切事务，离不开"自作自受"的因果法则，一人做事，最后必须由自己承担所有的后果。既然跑不掉，打麻将的人自己应当会替自己想才对！

赢到后来总是输

为什么要讲"四圈"麻将？因为上台容易下台难。上台时，声明只打四圈，输赢不论，可是等到四圈打完了，那个输家绝对不肯放你走。所以开始很愉快，最后都会吵架。为什么会这样？原因只有一个，大家都想赢。为了避免吵架，最好的办法是，先问你自己要输多少，而不是问要赢多少。因为打麻将最主要的目的是促进友谊，如果你输200块钱对你影响不大，那输掉200块，却赢了一些朋友不是很好吗？如果总想着要赢200块，结果所有朋友都跑光了，岂不是得不偿失？如果你常常输钱，别人就喜欢和你打麻将；如果你每次都赢，那渐渐地就不会有人跟你打了。千万记住，无关紧要的事情宁可输不要赢。

假如你很喜欢下象棋，你的老板也喜欢下象棋，有一天，他把你叫过去杀几盘，这对你来说是千载难逢的好机会，因为你从来没有这么近距离地与老板接触过。但是，你却连赢他三盘，以后他再也不会请你下棋了，除非他是白痴。天底下最笨的人，就是跟老板下棋居然连赢他三盘的人。但是，如果你连输他三盘，他以后也不会叫你来下棋了。你赢，他不高兴；你输，他觉得没有兴趣。那有赢有输岂不好？非也，你只要赢他一盘，他就不高兴了。那如何讨他欢心？只有一个办法，让他感觉到跟你下象棋很吃力，而到紧要关头他却能赢你，他就会兴致勃勃，每次都会找你。明着强调下棋是不能让的，实际上你不让他才怪。

打麻将也是一样，你去跟老板打麻将，拼命赢他，他不高兴；你拼命输，他会怀疑你有什么企图。记住，中国人是有高度警觉性的，有任何风吹草动都会想半天。

下棋也好，打麻将也好，该赢的时候才赢，该输的时候一定要输，这不是靠技术，而是看情况。你无法说这是游戏，因为这根本不是游戏，而是促进或者败坏人际关系的手段。

人际关系要经营

世界上一切的事物都不是静止的，人际关系也是一样：不是越来越亲密，就是越来越疏远；不是越来越好，就是越来越坏；不是越来越信赖，就是越来越猜疑。总之，始终是动态的。我们常说维持现状，那是自欺欺人，凡事都不可能维持现状。所以人际关系是要经营的，经营人际关系与经营事业一样，只要一段时间不经营，就会变冷淡了。

尤其是当今社会，变动非常快，比如电话，一阵子不联系的话，就可能找不到人了，所以我建议人们要做好几件事情：

第一，每年把电话簿更新一次。最好在元旦的时候，一是比较有空，可以把电话簿拿出来，按照上面的号码一个一个地打；二是可以有个借口，说："我知道你平时很忙，不敢打搅你，现在是元旦假期，问候你一下。"碰到打不通的电话，就赶快把电话号码划掉。电话簿每年要更新，它才有用。

第二，要把电话号码按地域分区。这样做，是为了你有机会去某地时，可以给当地的各位朋友都打个电话。不然的话，他们会责怪你："来到我的地方都不和我打个招呼，你眼里还有我这个朋友吗？"我在深圳有几个朋友，每次到了深圳我不去拜访他们，因为怕打搅他们，但是总会给他们一一打个电话，打不通算你幸运，这样既打了招呼，又不会给彼此添麻烦。朋友要经常联系，但不要互相打搅。这样可以加强对方对你的好印象，使对方对你越来越有好感。

胡雪岩出身穷苦，但他的事业越做越大，主要原因是他的人际关系非常好。他有一个诀窍："走官场先拜宝眷，会同行先说油水。"

到生疏的地方创立事业，最要紧的是建立人际关系，有人好办事。找人，找什么人呢？找官场的人，可以有个靠山；找同行的人，能够打听行情。官场、同行都有人协助，对事业的建立和发展，必定有很好的助益。

找做官的人之前先去找他的眷属，不要先去找他本人。因为做官的人最怕惹事，对陌生人的警觉性很高，生怕会看错人使自己惹上麻烦。而且碍于面子，不好意思直截了当地谈论涉及金钱的事情。他们打惯了官腔，摆惯了官架子，说惯了冠冕堂皇的官话，一下子调整不过来。倒不如想办法找官夫人，送礼、谈回扣都比较方便。出了状况，做官的可以用一句话就把责任推掉："怎么有这回事，我完全不知道呀！我家里的人从来不插手公务，不可能有这种事情。"从官夫人处打通关系，再见官谈事情，通常很有效。

会见同行就要开门见山地说明给对方多少好处。大家都是内行人，用不着拐弯抹角，不妨开门见山，把如何分享油水说清楚，免得互相猜疑，反而增加沟通的障碍。油水分享得宜，其他就比较好谈。见面不说油水，对方以为不付费白请教，当然不肯供应情报；说不定还会提供一些不正确的信息，混淆视听。该讲的话一句不可少，不该讲的话一句不可多，这就是人际关系拿捏得恰到好处的表现。

有一次左宗棠问胡雪岩："你一个小小商人，出手这么大方，献给我这么多米，为什么？"胡雪岩心里好笑：你这样问，叫我怎么回答？我当然不会告诉你，这些米本来是要卖给太平军的，因为我要赚钱，不小心被你们劫到，我只能说是献给官兵的。胡雪岩很聪明，他回答："国家兴亡，匹夫有责，我只是略尽绵力，作为一个老百姓，本来就应该这样。"这样一说，滴水不漏。

有的人叫别人替他打牌时会交代："赢了算你的，输了算我的。"做人要有这个气魄，如果你说："你替我打，只许赢，不许输。"那谁还敢替你打？很多人就是因为输不起，才破坏了人际关系。能不赢最好不要赢，这样，你的人际关系才会好；如果时时刻刻想赢，最后一定会输得精光。

一个人要多多参与社交活动，但要把握分寸。一个人会唱歌好不好？有一个人，本来很得老板的赏识，但是公司连续几次提升干部都没有他的份儿，原因很简单：每次公司组织唱卡拉OK，因为老板歌唱得不好，所以每次老板唱歌他都助唱。他以为这是帮老板壮声色，殊不知，本来老板唱得不好，一般人还没有感觉出来，他这一帮忙，人们立即听出高下来了。老板心里十分害怕出丑，偏偏他不识相。所以我觉得，很多事情都不能怪别人，千万要回头想想自己有什么做错的地方，天下并没有怀才不遇这回事。

当领导的一定要记住，平常不要主动去拉别人参加什么活动。我们中国人是以领导为中心的：领导喜欢打高尔夫球，下属马上就去练习高尔夫球；领导喜欢钓鱼，下属就练习钓鱼。因为中国人的眼睛是往上长的，下属很自然会去揣摩领导喜欢什么。所以当领导的人根本不用倡导，只要以身做则，下面的人自然就会响应。但是，所有的人际关系媒介都应正常化、正当化，凡是跟色情赌博有关的，千万不要沾染。

有时候，领导也会拿这一点来测试下属，做下属的一定要提高警觉。如果领导问："这附近有没有什么消遣的地方？"有的人积极推荐，要唱歌到哪里去，要跳舞到哪里去……领导一听就知道，这个人平时不务正业，只想着吃喝玩乐。从另一个角度讲，做业务的人，如果连附近的娱乐场所都不清楚，那他就不太适合做业务，因为他们要经常与客户联络感情，离不开这些场所。但是，做业务的人沉迷此道也不对，跟客户来往，不需要进行不正当的活动，因为做生意，条条大道通罗马。正当性、正常性的活动照样可以联络感情。如果超越了这个限度，最好要有防备，否则有一天会吃大亏。

●●● 第五节　五方交游

"五方"指的是东南西北中，也就是说，你要结交各方面的朋友，将来有困难时，才会有人来帮助你。人是很复杂的，你认为能救你的人将来可能会害你，你认为与你毫无关系的人，可能会成为你的死敌。所以，人只有广交朋友，才能保证在你需要时，有人会假以援手。最可怕的是只与自己的学业或工作相关的人交往，而不接触其他的人。五方交游，意思是不要自我设限，尽量扩大交友的范围，与三教九流的人都可以放心地交朋友。

多个朋友多条路

中国人深知"山不转人转"的道理，一方面力求不得罪人，以免冤家路窄；一方面则广结善缘，以便随时、随地可以找到熟人，比较方便办事。同时，结交各行各业的朋友，不但可以扩大见闻、增长知识，而且能够随时请教，不致求知无门。

我一直认为，有人赏识你、提拔你，比你自己努力奋斗更重要。这个观点也许有人不同意，他们宁可选择自己奋斗，我宁愿有人提拔我、赏识我，实在没有办法时，我才会自己去奋斗。但是话讲回来，一个人自己不努力、不奋斗的话，没有人会赏识你，也没有人会提拔你，这就叫互为因果。

一个人只知自己奋斗，而无人赏识，进步会很慢。所以你除了要懂得很多社交的媒介、掌握很多社交原则外，还要多方去尝试。五方交游就是说把你的触角伸得广阔一点，说不定哪一天你就会碰到赏识你的人，中国人通常称这种人为贵人。你若是真能得到一两个贵人相助，很快就能出人头地。

一个人不断提高自己的能力，加上有眼光，有朝一日巧觅有力靠山，彼此互利互惠，就有如神助了。先充实自己，再巧觅靠山，才有发挥的余地。不充实自己，一味等待靠山的提携，是本末倒置，不可能成功。

胡雪岩就是一个例子，他一生有两个贵人，王有龄和左宗棠。当年王有龄穷困潦倒，根本没有人看得起他，但是胡雪岩送给他五百两银子，结果他当了官，又正好被派回到杭州。那最受益的当然就是正在杭州打拼的胡雪岩了。

求人不如求己。一切靠自己，总比样样依赖别人要安全、可靠得多。但是，有人相助，要比单打独斗来得轻松愉快，也是不争的事实。何况当今世界，单打独斗能够成功的机会愈来愈少。有贵人协助，成功的几率必然提高。

胡雪岩先得王有龄的帮助，再获左宗棠的支持，才能够青云直上，快速地开展事业。遇贵人，自然有福气；有实力，贵人的力量才能发挥得出来。

一个人想要赚大钱、立大业，单凭自己努力，终究不如有人提携。好比爬山，靠自己一阶一石向上攀登，哪里比得上有人从上面放下一条绳索，把你拉上去来得轻松、省力而愉快！

"有人好办事"这句话，可以分成上、中、下三个层次来看。对上，有人提拔，使自己扶摇直上；平行，有人依靠，替自己分忧解劳；对下，有人跑腿，把自己吩咐的事情圆满完成。这样，还有什么办不好的事情？

这上、中、下三层次的人都是贵人。空有上面的贵人提携，缺乏左右和下面的辅助、支持，成不了大业。得到下面和左右的支持，找不到上面那一根提拔的绳索，辛苦一辈子，也只会成就平平。

上、中、下都有贵人，自己当然也就成了贵人。但是，贵人毕竟可遇不可求，而如何"遇"，就看你的修为如何了。

不要存心做什么事，否则不会有好结果。记住一句话，"有心种花花不开，无心插柳柳成荫"。在《易经》中，讲感应的卦，不叫感卦，而叫咸卦。就是说，你要感动别人，一定不要别有用心，所以要去掉"心"字。存心去感动别人，是感动不了任何人的。

一般人都爱凑热闹，看谁官运亨通就围着谁，殊不知，风水是轮流转的。平常要存好心，照顾那些被冷落的人，这是你最好的机会。要认识一个人，最好是在他默默无闻的时候接近他；帮助一个人，要在他需要的时候伸出援手；赏识一个人，要在他还没有发挥潜力的时候去赏识他。现在一些企业设立奖学金，资助贫苦或成绩优异的学生，就是这个道理。如果企业不注重对人才的培养，专门高薪挖墙脚，那么你挖来的人才可能很快就另谋高就。总之，一句话，人才是要靠自己培养的，而不是去挖现成的。

一个人四面八方都有朋友，将来做什么事情都很方便。但这时候要小心，不要认为太方便就投机取巧。建立人际关系最大的忌讳就是投机取巧。你可以随机应变，但是随机应变过度，就很可能变成投机取巧。一个人最难能可贵的就是会自己节制、自己防备，没有后遗症。

贵人的脸上从来不写"贵人"二字，所以我们分不清到底谁是我们的贵人。偏偏在我们的生活中，你认为是贵人的，事后才发现他其实是害你的人；你认为对你没有好处的人，才是真的贵人。

世事都有两面性，有一句话叫"恩生于害"，就是说，从某种角度讲，所有害你的人都是你的大恩人；所有对你有恩惠的人，其实也在害你。对年轻人来讲，客气不是福气。老板对你要求越苛刻，你获利越多；老板对你越客气，你受害越深。不要以为老板对你太好了，是你上辈子修来的。一个人没有经过磨炼，是无法成功的。就像父母教育子女一样，中国人有句话，叫"棍棒出孝子"，当然，父母不可以乱打孩子，但是一定要有适当的惩罚。正所谓，爱他就是要限制他。一个老板给下属诸多限制，就是希望他们能长进。父母真的爱子女，就要告诉他们这个不可以，那个不可以。

故　事

有一个人，在他小时候，母亲对他极为宠爱，凡事都由着他，他干了坏事母亲也从不指责。有一次，他偷了别人一件东西，回家交给母亲。母亲问他偷东西时是否被人看到，他说没有，母亲就心安理得地收了，毫无责备之意。从此，他的胆子越来越大。真个是"小时偷针，大时偷金"，长大后，他因盗窃罪被判极刑临刑前，他只有一个要求，要见他母亲一面。看管他的人觉得他很有孝心，就网开一面，让他们母子相见。结果，这个犯人对他母亲说："我从小喝你的奶水长大，现在我快死了，我只有一个要求，想再吃一口奶水。"母亲信以为真，结果被儿子凶狠地把自己的乳头咬掉了。

这个犯人之所以这样做，是因为他恨母亲！要不是母亲在他小时候一味地纵容娇惯他，他绝对不会成为死刑囚犯。"养不教，父之过；教不严，师之惰"，如果当初教育得当，及时制止他的错误，如今他走的也许就是另外一条光明的人生之路了。

很多事情都要多方面考虑：好心经常做坏事，坏心经常做好事。这是不争的事实。

朋友之间要互相勉励、互相择善，要彼此规劝而不是同流合污。朋友有错，要苦口婆心地进行规劝。有时候，家人反而很难规劝。夫子不择善，朋友要规劝，中国人易子而教，就这个道理。

严于律己获益多

一个人扩大自己的交友范围，确实存在着风险。因为隔行如隔山，你不可能很清楚别人所处的行业是怎么回事。但是，广交朋友，也可以得到很多好处。我比较喜欢科系多、规模大的综合大学，而不喜欢专业性大学。原因很简单，比如医大的学生，他们在学校五六年时间，听到的、看到的都是和医学有关的。综合大学的学生就不一样了，有学农的、学工的、学商的，等等，大家可以探讨不同门类的东西，彼此能学到很多知识，丰富自己的见闻。

专业只能让你有饭吃，而不能让你过好日子。人要吃饭就不得不有专业，可是有了专业以后，生活的乐趣就大大减少了。一辈子从事一个行当，一辈子只懂这一行，有什么乐趣？

如果你涉猎的知识很多，别人讲"商"你听得懂，讲"工"你听得懂，讲"农"你也很在行，岂不是很愉快？你永远不知道谁是自己的贵人，永远不知道将来你会怎样。所以一个人一定要多方面准备才有安全感。尤其是现在，科技发展日新月异，说不定哪一天，你所从事的工作突然失去存在的必要，那你该怎么办？

一个人在扩大交友范围时要多请教、少发表意见。有很多人，虽然有很多朋友，但是他没有长进，就是因为他无论看到谁都拼命宣讲自己的那一套理论，这样做的话，有再多的朋友也没有用。比如，你好不容易找到一个医生做朋友，经常咨询他医学方面的知识，这样你会受益良多。如果一见面你就拼命讲自己的专业，你将一无所得。交朋友是要增加见闻的，而不是吹嘘自己。你讲得越多，人际关系越坏，因为大家好不容易聚在一起，只听你一个人滔滔不绝，那别人还有什么意思？一个人际关系良好的人会多关心别人，让别人多说话。中国有一个广泛流传的说法，说小孩子有耳朵，有眼睛，没有嘴巴。就是说，小孩子要多听多看，少说话，才能增长智慧。

中国人，第一次请你提意见是客套，不要当真，他说"有意见请说"，其实心里想："你还要说什么？"有时候领导会对下属说："不要客气，我们是一家人，有话请说。"而下属如果真的说了就会对自己不利。

以喝茶为例，西方人请你喝茶你就喝，没什么好客气的。中国人自己要喝茶时，也会说"请喝茶"，其实这根本不是在请你喝，只是给你一点面子，客套一下而已。所以，很多事情都要推让两三次以后，你才会清楚他是真的还是假的。

再举个例子，你到别人家里去，正赶上他们家在吃晚餐，主人一定招呼你一起用餐，这时你应不应该过去？换成外国人，就会直接过去吃饭，而中国人就不行，虽然此时你肚子饿得要命，也要说"我刚吃饱"。如果你像外国人一样真的过去用餐，你会发现桌上菜也没有了，汤也没有了，你这不是自寻烦恼吗？主人会想："你还真的过来一起吃啊，我只是给你面子，招呼你一下。"所以当中国人第一次招呼你用餐时，你要说"我刚吃饱"；他说："不要客气，过来吃点。"你要说"我才吃了三碗"。等他第三次招呼你，而你看见饭菜很丰盛，就不必客气了。此时你再吃三碗也没什么，没有人会笨到问你"怎么一顿饭要吃六碗"。

很多时候，中国人有自己特殊的习惯，不能以常理来判断。下面这个小测验可以测试出你的人际关系技巧如何（仅限于男性）：假如你烟瘾发作，你发现烟盒里就剩下一支烟而周围有很多熟人，请问你怎么办？

烟这个东西,你只要伸手递给别人,人家随手就拿走了。但是你躲起来抽也不是办法,你不躲起来没有人会注意你,一躲起来所有人都会看到你。这时,人家会说:"一支烟也不值多少钱,你还躲起来抽,像话吗?"

碰到这种情况,只有一种做法:你要让所有人都知道,"下午才买的烟怎么就剩下一支了呢",即告诉所有人你只有一支烟。然后照样请别人抽烟,当然没有人会接过来,那你就可以堂而皇之地自己抽。我还有个更聪明的做法:首先让别人知道你只剩下一支烟,然后对别人说:"来,我们一人一半。"没有人会要你这半支烟的,这样你既可以抽烟,又能大得人心,广结善缘。

不要以为这种人花样太多。什么是文化?文化就是花样。美国人的一套花样就叫美国文化;日本人的一套花样就叫日本文化;我们中国人的一套花样就叫中国文化。端午节划龙舟就是花样,清明节大家去扫墓也是花样。

●●● 第六节 六出祁山

六出祁山讲的是诸葛亮的故事,意在说明,人要明知不可为而为之。凡事难免遭遇困难,若是遇到挫折便心灰意懒,何以成大事?交友过程中,有时会引起误会,如果因此而垂头丧气,如何培植深厚的友谊?必须坚定信心,以愈挫愈勇的精神,排除万难,而且要表现在实际行动上,大家才会相信,拉近彼此的关系。

明知不可为而为之

现在企业管理都讲求可行性分析,这种做法看似科学,我却不以为然。人又不是神仙,怎么可能预知未来?现实中有很多歪打正着的事,如果不去试的话，怎么能断言不会成功？科学只能接近真理，永远无法达到真理。

诸葛亮为什么要六出祁山？像他这么聪明的人，掐指一算就知道后果如何，他为什么还一次次地不辞辛苦地带兵打仗？为的就是让后代人明白，他真的是为蜀国鞠躬尽瘁，死而后已。

西方人重利害，凡事计算来计算去，无利可图就会放弃。中国人重势利，无利可图也会做。五方交游与六出祁山讲的是人际关系中的相互交往，一方面要扩大范围，一方面要拓展深度。就是说，好不容易交到一个朋友，要深入地去交往，这就是六出祁山的含义。

祁山是个地名，在三国时期是个非常重要的地方。当时，魏蜀吴三分天下，蜀国要想攻打魏国，一定要经过祁山。看过《三国演义》的人都知道，如果没有诸葛亮，或者诸葛亮不出山，曹操会很快统一全国。可以说，曹操最大的克星就是诸葛亮。一个人的力量可以改变天下的局势，这是事实。但是话说回来，诸葛亮出山又怎样？用水镜先生司马徽的话说，诸葛亮"得其主而不得其时"，难道诸葛亮不明白这一点吗？他当然清楚，但是既然刘备这么有诚意，只好努力去做。明知不可为而为之，这是诸葛亮给我们的启示：一个人不要过于重视结果。

今天很多人都奉行结果论，认为"成则王侯败则寇"。但是中国有句老话——不以成败论英雄。结果不是人力所能控制的，人能控制的只是过程。所谓"谋事在人，成事在天"。你一定要认真谋划，要全心全意投入，至于结果怎么样，由上天来决定。同理，我们能把握的只有自己，至于跟别人互动的部分，永远没有把握。很多时候、很多事情都是听天由命，这不是宿命论，也不是消极思想在作怪。我只是强调，既然你可以控制过程，就要全力以赴，至于结果，不要考虑太多，不要因为结果可能不理想，就束手束脚。凡事"尽人事，听天命"就可以了。

朋友之间可以通财

通财只是朋友互动的一种形式，不要只局限于字面意思，朋友之间的各种互助形式都在通财的范围内。

我们一定要想办法深入地跟一些人交往，否则的话，就是"朋友满天下，知心无一人"，那你交那么多朋友有什么意义呢？一般的朋友叫作点头之交、泛泛之交，在紧要关头是帮不上忙的。我们要有三五个知心朋友，当你危急的时候，他们真的会仗义相助。

很多人平常不在乎有没有朋友，在危急的时候才意识到，朋友是很宝贵的。可是等到危急的时候再去交朋友已经来不及了。临渴掘井是愚蠢的行为，我们一定要未雨绸缪。宁可一辈子不用他们，也不要用的时候找不着人。假如有一天，你急需钱用，会找谁？你只要向三个人开口却无功而返的话，就会心灰意冷了。

当你不需要钱的时候，要试着跟你的朋友去借钱，看看能不能借到。一旦真的需要钱的时候，才知道找谁借才不会落空。如果你有一大群朋友，就要自己去规划：这几个朋友，我跟他开口借钱没有用；这几个朋友，我根本开不了口；这几个朋友上次跟我借钱，我没借给他们，如果再跟他们开口岂不是笑话吗？去掉完全不可能的，然后看看还剩下哪几个。这时，你可以拿起电话跟他们借钱，看他们如何回答。你一开口他就说不行，那这个人你是借不到钱的。你一开口，他满口答应，这个人你也是借不到钱的。中国人在"没有问题"后面常常加上四个字"从此不提"。如果对方说："你是要现金还是要支票？"那这个人就会借你钱，不然他不会多此一问，这样的朋友就值得交。但事情还没有结束，等对方把钱送来以后，你要不动声色地拖几天，看对方是什么反应。如果对方第二天就急着问你什么时候还钱，那这个朋友还是很麻烦的。如果过几天后他还若无其事，你就可以把钱还他，并致谢。以后，你真的需要用钱的时候，就可以找他。中国人是救急不救穷，穷人没有办法救，因为那是无底洞。连"急"都不救的话，那要这种朋友干什么？平常要跟你的朋友多进行互动，你才知道他哪些方面是值得你信赖的，哪些方面是他力所不能及的。

在人际交往中，千万不要留下遗憾。人生最要紧的，就是做到自己不后悔，如此而已。好坏是一回事，成败是一回事，只求不后悔。老实讲有时候失败的人，反而比成功的人日子更好过。我相信各位也听过这样的故事：

故　事

楼上楼下有两家人，楼上住着大富翁，整天笑也笑不出来。楼下住的是穷人，他整天唱着歌，快乐得不得了。楼上的那个富翁就很感慨：为什么人家那么穷，还整天开心，我这么有钱，却整天苦恼？他的朋友告诉他："你想要快乐吗？那你就把钱送给楼下的穷人好了。"富翁真的这样做了。从此楼下的人整天愁眉苦脸，不知道拿这些钱怎么办，而富翁却开始笑了。

钱有很多好处，但钱不能解决所有问题。任何事情都有好坏两个方面，所以，人无论相信什么，只相信到差不多就可以了。"差不多"真正的意思是不能差太多，不能差太多就是刚刚好。凡事只要差不多就好。

●●● 第七节　七术打马

人际关系其实是自己跟自己的关系，不完全是自己跟别人的关系。一个人先要接受自己，别人才会接纳你。一表人才，应该由内而外。我们现在过分地重视外在，而忽略了内在的修养，这是错误的方向。内在的东西才是主导，外在的一切都是根据内在来改变的。所以当你觉得对外面不满意的时候，应该从里面去修正。

给别人的第一印象好还不够，还要做好各种准备，这就是两套西装所讲的。如果你要去参加会议，事先打听一下，应该穿什么衣服，带什么用具，然后再确定怎么做。和别人一模一样，不好；和别人完全不同，也不好。人与人之间，最好大同小异。完全相同你就不显眼了，但不同到特殊的地步，同样对你很不利。

我们平常还要练习一些社交所需要的活动，一个样样都不会的人，是没法和别人打成一片的。没有办法跟别人互动，你有再好的条件也没有用。

所以一个人要有三杯酒量，要懂得四圈麻将。"三杯"的意思是，吃喝方面要适当地加以控制，过量的话，对自己身体有害，而且没有人会同情你。"四圈"是指积极参与社交活动，但不能过分。社交的媒介是用来促进人际关系的，一旦变成破坏性活动的话，就会适得其反。

另外，还要扩大交友的范围，交各方面的朋友，要多多地向他们学习。

多说恭维话

如果能做到上面这些，就可以进一步探讨一些人际交往的技巧，这就涉及七术打马的内容。七术打马就是俗话说的拍马屁，为什么不用拍马，用打马？因为中国人是不喜欢马屁精的。总有人认为中国人喜欢拍马屁，拍马屁就能成功，这是绝对错误的。这种说法是用来骗别人的，千万不要用来骗自己。一旦相信拍马屁能成功的话，就会走上歧途。

西方人不反对你骗你自己，只反对你骗别人。中国人相反，你骗不骗别人无所谓，千万不要骗自己。世界上没有一个人光靠拍马屁就能够得到提升的。很多管理者都非常讨厌马屁精，因为他们相信，马屁精会害死他们。

虽说这里的七术打马也是这个意思，但重点在于"术"。很简单，要是你有本事，拍马屁拍到好像没有拍一样，让上司、长辈对你的举动留下深刻而良好的印象，遇到机会就会主动提拔你一下。如果你一行动，别人就知道你在拍马屁，那就算了，你连拍马屁的本事都没有，还拍什么？

中国人最讨厌拍马屁的人，但是很喜欢享受"马屁"的味道。所以有本事的人，不去拍马屁，而是制造"马屁"的味道，这就叫"七术打马"。为什么魏徵那么出名？就是因为几千年只出了这一个，物以稀为贵。如果每个人都敢犯颜直谏，那魏徵就不会出名了。凡是当面说实话的人，大都下场悲惨，难得有一个魏徵，说了实话却没被砍头，更加说明唐太宗很了不起。

中国人要特别小心自己的耳朵，因为它只听悦耳的话，不愿意听逆耳的话。其实，我们并不了解自己的耳朵。一个人出生以后，耳朵就开始慢慢退化。职位低的时候，什么话都要听，不听就会挨骂；职位慢慢高了以后，就只听自己喜欢听的话；到最后，什么话都不听，唯我独尊，变成孤家寡人一个。

喜欢听好听的、而不是真实的话，这是人最大的毛病。所以，我们讲话的时候，如果不加上适当的恭维，对方根本听不进去。讲话首先要让对方听得进去，否则就是白费唇舌。对方听不进去，你的话再对、再真实也没有用。

　　成功的人，实际上不吹牛也不拍马屁，却装得像吹牛、拍马屁一样。换句话说，即用吹牛、拍马屁的形式，说出有根有据的实话。忠言逆耳，而奉承话又十分危险，容易被对方听成挖苦话。现在把忠言逆耳和奉承话统合起来，说出一番有事实根据，能让对方听得进去，而且听起来很受用的恭维话，才是有效的途径。

　　把事实的重点说出来，加上适当的形容词，叫作宣传。如果没有事实的依据，只是加上了很多形容词，就成为不实的广告。恭维话和奉承话的不同，大概和宣传与不实广告的区别差不多。

　　多说恭维话，少说奉承话，说得恰到好处，效果必定良好。

　　所以说，美国人的沟通方式，在中国根本行不通。因为美国人听话跟中国人听话的目的不一样。美国人听话，是听这句话是真是假，中国人听话，是听对方的立场如何。我们比较在乎对方同自己是不是同一立场，而不在乎你讲真话还是讲假话。美国人只在乎你讲话的内容，不在乎你怎么讲。而在中国人看来，形式大于内容，你讲什么都无所谓，就是不能"这样"讲。

　　讲话的态度，讲话的形式，在中国人眼里是非常重要的。我们对别人要说恭维话，就是因为我们都比较爱面子。

　　有些人受到西方文化的影响，提倡同理心，注重礼貌和道歉。其实不然，西方人做错事是要道歉的，在中国，很多人认为道歉没有用。如果别人打你一下，再对你说"对不起"，你会高兴吗？中国人一般是不太接受道歉的。

　　现在，美国的大型百货公司的售货员都会说日语，我到美国的时候，经常有售货员误以为我是日本人，就用日语招呼我。当我表明自己是中国人的时候，对方就会很诚恳地道歉。但我一点也不感动，我不相信中国人会因为别人的道歉而感动，我只是觉得好笑而已：这有什么好道歉的？如果这事发生在中国，情况会大不一样，中国人如果把别人当成了日本人，会觉得不好意思，但是嘴上绝对不会认错，反而会说："你怎么长得像日本人呢？"意思是，明明是你长得像日本人，所以我才会跟你说日语。中国人嘴上不会认错，心里会认错，这是我们跟西方人不一样的地方。

　　不要强求中国人嘴上认错，因为道歉通常是假的。在中国的组织中，通常是职位高的人认错，职位低的人不要认错。假如开检讨会的时候，职位低的人开口就承认自己错了，他就惨了，所有人都会把错误推给他，那他会无缘无故地背很多黑锅。假如是老板承认错误，说："这件事大家都没有错，是我一个人的错。"那么，所有的干部都会承认是他们做得不好。

如果干部没有反应，那老板会问："李经理，你听了我的话有什么感想？"如果李经理还是无动于衷的话，老板就会说："那你真的认为我错了，你没有错？"李经理绝对不敢点头说"是"。中国人的一言一行是高度艺术化的东西，这不是奸诈，只是诚心诚意地玩一些花样，而非假仁假义地玩弄权术，二者有着本质的不同。

哪个人特别爱面子，你就多对他说一些恭维话，让他觉得有面子，他就会心甘情愿地替你做事情，这才是最轻松的方法。建立人际关系的目的，实际上，就是你要从中得到一些好处，这不是丢脸的事情。交朋友就是当你碰到危机的时候好向别人寻求援助，如果紧要关头你的朋友都袖手旁观，那你就知道自己交错朋友了。

要别人帮忙的时候，你也不必求人，因为一开口相求，你自然矮人一等。你只需要会讲恭维话就可以了，千万不能拍马屁，那是死路一条，而讲恭维话才会有机会。

很多人吃亏，就在于说话不好听。下面这个小故事就说明了这一点：

故　事

从前有一个国王，他晚上做了一个梦，第二天上朝，他对大臣们说："我昨天晚上做了一个梦，你们找一个人来圆一圆，这个梦是什么意思？"大臣们很快就找到一个人来圆梦，那个人说："启禀国王，您这个梦是说，您的朋友一个一个都死掉了，最后只剩下您一个人。"这个国王越听越伤心，就把这个圆梦的人推出去杀掉了。

不久，大臣们又找了一个人来圆梦，那个人心里想，国王的梦预示的内容和第一个人讲的差不多，但是如果实话实说，就会落得像第一个人那样的下场，所以他说："恭喜国王，贺喜国王，因为您是您所有朋友里面最长寿的。"国王听了非常高兴，赏赐给他大量的财物。

两个人说的意思其实是一样的：国王的朋友一个个都死掉了，那他就是最长寿的。但结果是,第一个人被砍头了,第二个人获得了丰厚的赏赐。那我们为什么不学学第二个人,把话说得好听一点呢?

一个人嘴巴要甜一点,才能受欢迎。心坏没有人知道,嘴巴坏的话,所有人都讨厌你。同样一句话,有正反两种说法,就看你自己如何选择了。

恭维人家也要适度,你把人家捧得太高,连他自己都不相信,那有什么用?说恭维话与拍马屁是不同的,举个例子,当你的主管讲完一句话,你马上说:"这样做最好,这真是明智的决定。"这不是拍马屁是什么?所有人都认定你是在拍马屁,连你的主管都会觉得不自在。但是,当你的主管讲完话,你稍微停一下,说:"这么一来,我所有的问题都解决了……"你这就是在恭维别人,因为你说的是事实。就算要拍马屁,也要拍得不让别人感到肉麻;你一拍马屁,所有人都坐立不安,全身发麻,那不如不拍。

少去讨好人

有人以为"中国人喜欢被讨好",似乎只要肯用心去讨好中国人,自然左右逢源,什么事都办得通。其实,中国人最不容易讨好,因为我们的警觉性很高,遇到有人讨好,立即提高警觉:"他为什么对我这么好?"因而怀疑"他究竟安的是什么心",以致"心里好笑",处处加以防备。

历史上有很多事实,证明喜欢被讨好的人,最后被小人所包围,因而拖累了自己。喜欢讨好别人的人,由于讨好所有的人结果等于没有讨好任何人,势必就会采取押宝的方式,押对了固然可以得势一时,但终究会败下阵来。万一押错了,徒然费尽心机而毫无所得,亦将会悔恨不堪。

喜欢被讨好和喜欢讨好人,都得不到实质利益,中国人明白这番道理,当然不屑为之。

自古以来,没有人立志亲近小人,也没有人愿意成为小人,那又为什么会不断形成"小人当道"的局面?其关键在于,恭维话和奉承话很不容易区别,以致自己受害、社会不安,而国家也难以稳定。

举个例子,下属主动替上司分忧解劳,算不算拍马屁?那要看情况:如果自己的工作做得乱七八糟,却经常跑到上司面前问"有什么事情要我帮忙的",当然是拍马屁;如果分内的工作做得很好,还有多余的时间和精力为上司分忧解劳，谁敢说他拍马屁！相信大部分人都会认为这个人确实不简单，有机会升迁，非他莫属。

问题就出在现代人越来越搞不清楚这种判断标准。当上司的，看见下属热心分忧解劳，不管他本职工作有没有办妥，便认定他是好下属；做下属的，不管自己分内工作有没有做好，就厚着脸皮要为上司分忧解劳：结果都造成小人当道的局面。

不以讨好的方式，不抱讨好的态度，却能够得到他人的欢迎，在他人心目中占据牢固的位置，这才是人际关系的精髓所在。

●●● 第八节 八口吹牛

拍马屁的对象是别人，吹牛主要是吹自己。吹牛也包括很多意思：凡是自己表现得与众不同的地方，就将其放大，这就是吹牛；凡是把自己碰到的倒霉事都推给别人的，也是一种吹牛的方式。一个人要适当地奉承一下别人，适当地吹嘘一下自己，但一定要适可而止，不要吹破了。最容易吹破的就是"第一人"这三个字，很多人宣称自己是某方面的第一人，结果很快就被戳破了。又没有正式比赛，你凭什么就号称自己是第一人？

要自己肯定自己

七术打马和八口吹牛是人际关系的技巧，用得合理就能发挥很大功效，但太过分了，只会伤害自己。

一个人应该谦虚，却不可以看轻自己。这两者并不矛盾，可以相辅相成。看得起自己，是对自己有一份期待，是给自己一份激励，也是给自己一些鞭策。谦虚不自满，是对人的一种态度，让人家乐于亲近，更愿意帮忙。

对自己有信心，还要谦虚地不断充实自己，才是真正看得起自己。

让别人来赞扬你

有些话，只能说别人而不能说自己。比如，说别人"你是最棒的"，没关系；说"我是最棒的"，那你就完了。我们恭维别人可以，千万不要捧自己，最好是让别人来捧你。真正会吹牛的人，都是通过别人来吹，而不是用自己的嘴巴来吹。

案 例

有个老板，把所有干部召集起来开会，说："我比你们辛苦，知道吗？你们以为老板好当？你们下了班还可以看电视，还可以陪小孩做作业，我没有时间。你们看电视时我在制订计划，你们陪小孩的时候我还在处理公务……"

可是，这话一说出来，所有的干部都不以为然，心里想："既然你那么辛苦，干脆不要做了。你那么辛苦干什么？"甚至有人想："你那么辛苦，那换我当老板好了，我不会像你那么辛苦的。"

聪明的老板要想表扬自己，要通过得力干部的嘴。比如在会上，一个得力的干部站起来说："各位，我告诉你们，我偶尔有事情去找老板，不管是晚上几点，他都在处理公务，不像我们在家里看电视，照顾小孩，老板比我们辛苦多了。"而老板还要谦虚地说："那只是偶尔一两次而已。"这样，所有人都说这个老板了不起。

红花要有绿叶配，自吹自擂毫无作用。有些话，别人说可以，自己打死了也不能说，说了只有反效果。朋友时常会起到代言人的作用，就像在家庭里面，爸爸妈妈常常互为代言人一样。如果爸爸对孩子说："我这么辛苦都是为了你。"孩子听了一般不会感动，而妈妈说的反而有效："你看我们可以轻松地聊天，而爸爸还在忙，爸爸这么辛苦是为谁啊？为我们。"爸爸对孩子说："你看，妈妈整天在家，好像妈妈没有什么能力，实际上，妈妈处理家务比我办公还辛苦。"这样，孩子会很感动。如果妈妈说："我做家务很辛苦。"孩子会想：又开始唠叨了，真烦。

一个会吹捧自己的人，往往通过自己的好朋友来达到目的。诸葛亮从来没说过自己料事如神，都是他的朋友帮忙宣传的。一个人要自己吹嘘自己，就说明他连一个朋友都没有。吹牛，一定要把握好度，过头了就会产生反效果，那就闹笑话了。

如果你到别人家里，主人请你吃饭，你就不要老谈自己的事情，那表示你目中无人。吃饭的时候最起码讲两句恭维话："哎呀，我本来是来谈事情的，想不到让嫂子多劳了。"这样，女主人就很开心。如果你说："这个菜太好吃了，在饭店绝对吃不到。"这就有点像挖苦了。有时候，恭维话说得太过分，就会变成挖苦。

现在很多人一看到男的就喊"帅哥"，看到女的就喊"美女"，那就表示中国没有帅哥和美女。本来一个人长得不错，你说她美若天仙，那别人看了，会觉得不过如此。这就是期望太高产生的心理落差。

我们捧别人，要捧到大家都不会感觉到难过；捧自己，要使自己能够被别人所接受。

吹牛要适可而止，吹过头了，"牛皮"就会破掉。不要动不动就给自己加个"最"字，这种"牛皮"最容易戳破。

●●● 第九节 九分努力

九分努力就是不断地精进，按照字面的意思理解就可以，不用做过多解释。

努力没有用

有人曾问我，到底是运气重要，还是努力重要？我回答说："当然运气比较重要。运气一来，挡都挡不住，否则你再怎么努力也没有用。可是话又说回来，如果你不努力，你怎么知道自己的运气好不好，所以还是努力比较重要。"这话听起来似乎让人不知所云，其实很简单：努力只是人的本分，努力并不能保证成功，否则人生太简单了。但是，努力还是一个必要的过程，所以我们还是要九分努力。

我每次给企业做培训的时候，都会说："努力没有用。"当我说这句话时，最开心的就是企业的老板。企业老板认为，就是要强调努力没有用——员工都很努力，努力浪费时间，努力制造问题，努力打小报告……有什么用呢？

一个人要用心，而不是努力。什么是用心？每个人的感觉都不一样，没有办法一概而论，所以我只能强调努力。现在很流行一句话，叫作"年轻不留白"，我认为这句话害人不浅。

一个人不留白，就是整天忙碌，没有时间思索，学习知识也不能消化，所以，人一定要留白。每天最少留20分钟给自己，什么都不做，只想想自己今天的得失，这样你才会有收获。现在，很多人一有时间就玩电脑，电脑是死的，人是活的，用活人去跟死的东西拼，那是愚蠢的做法。机器是让我们使用的，不是让我们跟它拼命的。每个人都要留白，这样才会开悟，智慧才会增长。留一些空白，你才有想象的空间，才能发挥智慧，才能开发潜力。

运气很重要

努力只是对自己的一种交代，不要期望它一定会产生怎样的效果。有很多人否定运气，因为他们不懂什么叫运气。人生下来就有一口气，气要去运，不运等于零，你怎么运你的气，就是你的运气。人生有很多苦恼，不要怕挫折，你要接受它们的磨炼，即好好地运你的气。

那运气怎么能运得好？很多人运气好，只有一个原因，就是祖上有德。什么叫作德？中国人很重视德，德其实就是"得"，就是说，跟你在一起的人，都能得到一些好处，你就是有德。跟你在一起的人，都会损失一些东西，你就是缺德。千万记住，有钱没钱是一回事，当不当官是一回事，发不发财又是一回事，最根本的就是别人跟你在一起时，是让别人有所得还是有所失。所以说，当领导的，最要紧的就是做到让你的下属，第一能赚到钱，第二能学到东西，第三能不断长进，这样，你就是有德。否则，你就是缺德。

别人为什么对你好？就是因为你祖上有德。中国人是崇拜祖先的，认为不努力就对不起祖宗。中国的家庭里小孩不听话时,家长会说:"你这样不听话,我倒没什么,不过你想想看,如果你爷爷泉下有知,会怎么想?"小孩会想,我这样做,我爷爷要是知道肯定会很伤心,下次他就不这样了。

●●● 第十节 十分忍耐

九分努力之后,还要十分忍耐。什么叫作忍?"忍"是心上插着一把刀。想想看,一把刀插在心上,你还能若无其事,那就说明你很会忍。一个人要想得到别人长期的拥戴,非学会忍不可。因为人们之间经常有暂时性的误会,暂时性的不了解,凡是忍耐过去的,后面才有好日子过。

会忍才能赢

成功者永远是忍耐力强的人。你的基础越好,表现越好,各方面给你的打击就越大。我觉得中国人是重道义的,你表现不好,别人就没有必要打击你。当很多人都打击你的时候,就说明你很了不起。有人把你当对手你才有价值,没有人把你当对手,就是根本不把你当一回事,这是最糟糕的。

为什么企业竞争到最后都演变成价格战?价格战的结果往往是同归于尽。你卖8元,我卖7元……结果企业利润尽失,只能走向灭亡。那怎样避免价格战?就是要忍耐。如果你的报价别人嫌贵也没办法,要坚持住,不能随便降价,否则就会陷入恶性循环。

案 例

某生产企业生产的零件一般市场价格在120元左右,由于市场竞争激烈，同类企业纷纷采取降价措施，以吸引买家，结果价格越来越低，利润越来越少。这家企业不想陷入降价的陷阱，一直把价格稳定在120元。当然了，买家每次来询价，都会因嫌贵而打退堂鼓，但这家企业坚持不降价。

过一段时间，企业的销售人员会写一封信给买方，说："您上次到我们这儿询价，距现在已经有两个星期了，您没有再来找我们，就说明您已经买到比我们更便宜的产品了，所以我们特别写信恭喜您。同时，我们内部也检讨，为什么我们的价格始终下不来？检讨的结果是我们没有办法降价，因为我们生产的产品材质与同类产品不一样，工艺也不一样……如果您买的产品适用，您就继续购买那种产品；如果有需要的话，欢迎您随时回来。"

买方收到信后往往会再次光顾这家企业。

在没有营销学这门学问的时候，生意都很好做；有了营销学以后，生意越来越难做。以前企业管理只是针对生产部门，比如怎样挑选材料，怎么控制流程，怎么确保质量等，对顾客都是以诚相待，没有其他的花样。现在企业在进行市场营销时，往往设计出很多花样，渐渐失去了顾客的信任。我有一次到某地去旅游，购买的景点门票附了一张抽奖券，我一看就知道是骗人的。营销学没有盛行以前，这种抽奖活动都是真的，多少让你得到一点奖品；营销学盛行之后，这种活动完全是噱头。果然不错，有人中了奖，奖品是一张购物的八折券。结果发现，没有使用八折券的人，用五折的钱就可以买到商品，使用八折券的人不但花钱更多，并且还限购商品，基本上都是一般人不愿意购买的商品。

今天的顾客对一些企业失去信心，往往就是因为这些企业太热衷于这种"现代营销学"。顾客上过一次当以后，就不会再上当了。顾客并不是傻瓜，如果企业把顾客当傻瓜，那企业也就成了傻瓜。凡是把别人当作傻瓜的，自己才是真正的傻瓜。聪明和笨的差距，只有5分钟而已：聪明的人5分钟以前就想到了，笨的人5分钟以后才想到。玩任何噱头，最后都是自己倒霉，大家逐渐失去对你的信任感，你的路越走越窄、越走越艰难，完全是自作自受。

欲速则不达

要想忍耐很简单,先要想想你为什么急。今天整个社会有一个毛病,都强调快,说速度就是生命,任何事都要捷足先登。但我不这么认为,要知道,单纯求快,只会死得更快。方向绝对比速度优先,方向错了,越快就越倒霉;方向对了,才能放心地加快速度。

另外,急事要缓办,否则就会忙中出错,而且越错越忙,越忙越错。急是没有用的,做任何事情一定要有一个过程,欲速则不达。

当你把一件事情说到绝对的时候,就开始有错误了。因为我们是活在一个相对的世界里面,只要我们活着就没有"绝对"这回事。死了以后是绝对的,出生以前是绝对的,出生后就是相对的。爱因斯坦也只是提出了相对论,没有提出绝对论,因为一个是本,一个是道,本立而道生。每一句话多少都有一点道理,但不能强调,一强调就错。比如说当学生要努力,结果有的学生过分努力,只会毁了自己的身体。一个人不用功,你要告诉他用功一点;一个人很用功,你要让他放松一下。

所以一个人要懂得见人说人话,见鬼说鬼话,才不会错。对不同的人讲不同的话,这是高度的智慧。真理是永远说不清楚的,因为它范围太广,每个人只能探究到一部分。因此越聪明的人越需要忍耐,否则会活活被气死。真正高明的策略都是饱受攻击的,因为一般人看不懂。等到一般人都看懂了,已经时过境迁、毫无意义了。所以忍耐是对有才能的人来讲的,对于没有才能的人,忍耐与不忍耐根本没有什么不同。懂得越多的人越需要忍耐,一个懂得多的人,讲话不会铁口直断,因为凡事充满了变数,随时有改变的可能。

第四章
良好沟通是人际关系的润滑剂

人际关系与沟通,彼此影响。二者可以互补,也能够相克。人际关系良好,沟通就比较顺畅;沟通良好,也能够促进人际关系的和谐。反过来说,人际关系不良,就会增加沟通的困难;沟通不良,就会促使人际关系变坏。

人际关系与沟通，彼此影响。二者可以互补，也能够相克。人际关系良好，沟通就比较顺畅；沟通良好，也能够促进人际关系的和谐。反过来说，人际关系不良，就会增加沟通的困难；沟通不良，就会促使人际关系变坏。

不善于沟通的人，最好通过加强人际关系来弥补自己的缺失。人际关系不好的人，最好着重培养沟通的能力，以求改善人际关系。事实上，二者之一获得改善，对二者都有所助益。

第一节　沟通的作用

什么叫人际关系？简单地说，我们每一个人都有能量，不同的能量相碰撞，就产生磁场，产生磁场后，彼此调整自己的频率，就形成人际关系。

所谓沟通就是对准频率，频率不对，就会听而不闻、视而不见、沟而不通。我们要调整自己的频率，而不是叫别人调整频率。要先观察对方的频率，把自己的调得跟他一样，他就很容易跟你沟通。

由于中国人的人际关系实际上是人伦关系，所以在沟通的时候，需要融合伦理的观念，忌讳没大没小，否则就会破坏人际关系。比如，打招呼这件简单的事情，你若是遇到熟悉的同事、同学，大可拍拍他的肩膀："老张，你好啊！"若是遇到领导或长辈，还以此种方式打招呼，对方心里就会不高兴。若是遇到你的下级或晚辈，你只需等着对方和你打招呼就行了。

中国社会特别重视关系，彼此的关系良好，就算偶尔说错话，也没有什么关系。若是关系不深，或者关系不好，那别人就会鸡蛋里挑骨头。不过，也有本来关系很好，一句话伤了和气，便老死不相往来的可能。这就更加促使我们重视沟通的重要性。

人际关系与沟通，可以简称为人际沟通。在我们日常生活当中，人际沟通是不可或缺的活动，必须勤加练习，多加磨炼，养成小心应对、用心体会、虚心检讨的良好习惯。一方面要使自己的沟通能力不断提高，一方面要促使自己的人际关系获得改善。与其讨好别人，不如用心保持和谐、互动、互助的良好状态，通过好好沟通来互相感应。若能心意相通，大家都愉快，那就是良好的人际关系。在愉快中把正当的事情办理妥当，则是我们共同努力的目标。

人际沟通要注重和每一个人进行良性的互动。既不能够偏重某些人，使其他人受到冷落；也不应该只顾自己，想说什么就说什么，爱说什么便说什么。否则你只是在发表意见，根本不是在进行沟通。善于沟通的人，必定会随时顾及别人的感受，以免无意中破坏了自己的人际关系，造成恶劣的沟通效果。

●●● 第二节　沟通的现象

中西方的沟通态度大不相同，西方人进行沟通的时候，能畅所欲言。中国人则不然，就算面对面坐在一起，也会拘泥于彼此的身份地位，不敢贸然开口。

人虽有言论的自由，却不意味着可以乱说，或者想说就说，而是要谨慎小心，防止一语不慎招来祸端。

我们虽然处于重视沟通的时代，但是也有愈沟愈难通的情况。理论上，沟通可以解决大部分的问题，实际上，沟通往往带来更多头疼的问题。为什么？因为现在越来越多的中国人学习西方人的沟通方式，结果造成不沟通还好、一沟通就糟的局面。

"先说先死"和"不说也死"这两句意思相反的话要合在一起考虑，深切体会这两句话的含义，就能掌握沟通的奥秘了。既然先说先死、不说也是死，那就要求我们，明白"先说先死"才会"不说"，了解"不说也死"才会"说"。因而"站在不说的立场来说"才不至于乱说，却能够说得恰到好处，做到"说到不死"。

要"说到不死"，必须说得合理。很多人就是认为自己所要说的十分合理，这才理直气壮，结果惹出麻烦。有一个故事，说一家人生了一个孩子，亲友都来祝贺，有的说："这个孩子将来一定能当大官。"有的说："这孩子将来会发财。"……都是好听的。唯独有一个人说了一句"这孩子会死"，就被主人打了一顿，赶出了家门。可是细想一下，那些说孩子会升官发财的话都不可靠，唯独"孩子会死"是句真话，可是说真话的人却被痛打了一顿，就是因为他这么说不合时宜。

先说先死

先说为什么会先死呢？先说的人说出一番道理来，后说的人很容易站在相反的立场，说出另一番道理。虽然双方都说得头头是道，毕竟后说的人可以针对先说的人，做一番整理和修补，甚至大挖其漏洞，弄得先说的人好像相当没有学问似的。

先说的人站在亮处，人家把他的底细摸得很清楚。后说的人若是存心挑毛病，专门挑他的缺失，保证能把他整得体无完肤。先说的人，说来说去顶多能说出道理的一部分或者大部分，总有一部分会被遗漏掉；后说的人就可以针对这些缺失来大做文章，表现得很内行的样子。

有时候，人的身份地位不同，先说先死的情形也不同。比如，下属先说，说错了就会受到上司的批评，从下属的角度说，上司批评下属很正常。但是万一上司说错了，下属指出其毛病，那上司就会很尴尬：发火的话，会显得自己没度量；如果不发火，面子又实在不好看。

案　例

有一次，化工厂厂长带领一群客人参观工厂，经过仪表控制室，忽然看见仪表板上有若干颜色不同的指示灯，有亮着的，也有不亮的。有一个指示灯，则是一闪一闪的。

有人问："这个指示灯为什么会闪？"

厂长回答："因为液体快到临界点了，如果到达临界点，它就不闪了。"听起来也蛮有道理。

想不到厂长刚刚说完，仪表工程师说："不是的，那个灯坏了。"

结果厂长表情极为尴尬。

仪表工程师先说，厂长才可以责骂他，叫他"先死"。如今自己先开口，不幸又说错了，若是此时指责他，显得自己恼羞成怒，似乎不很得体。

先说先死，好像是必然的，不过有的当场死，有的以后死，所谓死有先后，时间不同而已。就因为先说先死，所以明白此道理的人，与别人一见面从不说正经话，专说一些没有用的闲话。中国人不是不喜欢说话，而是中国话多半不容易表达得很清楚，话本身已经相当暧昧，听的人又相当敏感，于是"言者无心，听者有意"，往往好话变坏话，无意成恶意，招来洗不清、挥不掉的烦恼，何苦来哉？所以中国人对闲聊很有兴趣，见面不谈正经话，专说一些没有用的。就怕先开口说正事，露出自己的心意，让对方有机可乘，徒然增加自己的苦恼。这样做表面看起来是在浪费时间，其实是为了让对方先开口，使自己获得有利的形势。中国人明知"形势比人强"，时时不忘"造势"，而说一些废话，正可以在不知不觉中造成有利的形势，何乐而不为？更何况言多必失，废话说多了，对方也难免会说漏嘴，透露一些有用信息，这样就可以明白对方到底是怎样想的，然后采取相应的应付手段。

中国人擅长明哲保身，就是"先说先死"的痛苦经历造成的。中国人说话一向含含糊糊，让对方不明白其真实意思，就算随便打一句招呼："要到哪里去？"得到的多半是"随便走走"之类的回答。只有碰到熟悉的朋友，才会说"我要去……"。

中国人十分习惯于"不明言",即"不说得清楚明白",却喜欢"点到为止",以免伤感情。不明言的态度,比较不容易先说先死。因为一部分是我们说的,一部分是别人自己猜的,大家都有面子。同时也不容易被别人抓住把柄。

但是,现代中国人受到西方文化的冲击,在领悟"先说先死"之前,便勇敢地"有话直说",弄得自己灰头土脸,依然不知道毛病出在哪里,也从不检讨自己,反而怨天尤人。或者已经惹祸上身却不自知,反而沾沾自喜,以为得计。

很多人"有意见也不一定说",往往鼓励别人先说,然后见机行事。他若不同意别人的话,就大肆抨击,抓住别人说话的漏洞,添油加醋来进行陷害,使别人哑巴吃黄连,有苦说不出。他若同意的,也可能赞扬备至,把别人的话改头换面,当作自己的真知灼见。这种让别人站在明亮处、自己躲在黑暗处的作风,使得别人不敢开口讲话,造成很多沟通的障碍。

不知道"先说先死"的人,常常死得不明不白。只知道"先说先死"的人,会落得难以沟通的评价,对自己的前途非常不利。

老子说"不敢为天下先",孔子也大骂"始作俑者,其无后乎",难道真的一点道理也没有?假如大家都不怕死,争先恐后地力求先说,偏偏又说得不伦不类,似是而非,究竟是好还是坏?

先说当然也可能不死,因为中国人的道理一向是相对的,"先说先死"固然是事实,"有话直说"也可能得到许多好处。既然二者各有利弊,强调"先说先死",就是站在"先说先死"的立场来有话直说,才是中国人真正的功夫。"先说先死"是"根本","有话直说"不过是"作用"。有些人本末倒置,强调"有话直说",等到自己吃亏上当了,再来怨天尤人,又有何用?

有话直说而不致害死自己的人,才是真正有本事的人。他们以"先说先死"的基本精神作为直说而不死的最佳保障。

不说也死

"先说先死"固然是事实,"不说也死"亦是不可否认的真理。只是"不说也死"是说给懂得"先说先死"的人听的,唯有深谙"先说先死"的道理，才有资格讲求"不说也死"。仅仅保持"我有话要说"的心态，根本没有必要深究"不说也死"的意义。

长久以来，"先说先死"把中国人害得很惨，浪费了很多宝贵的时间，也养成不善沟通的坏习惯。所以明白"先说先死"的道理之后，还要反过来告诉自己：不说也死。

案 例

小丽是老板的秘书，一向勤勤恳恳、规规矩矩，从不出大错。星期四她得到通知，说星期五公司有个舞会，小丽很想参加。虽然按照公司的规定，星期五可以不穿正装，但是身为老板的秘书，小丽每天都要穿职业套装，她不敢穿得太随便。可是既然有舞会，总不能穿正装参加吧？因此，小丽破例换上连衣裙，把自己打扮得漂漂亮亮的。她在老板办公室进进出出，老板看着很不舒服，但没说什么。下午，老板通知她："3点钟有个紧急会议，你准备一下，负责会议记录。唉，你怎么穿成这个样子，赶快换掉。"小丽这才说："公司有舞会，何况今天是星期五，公司规定……"老板火了："到底是舞会重要还是工作重要？"

小丽认为自己并没有违反公司的规定，回答得理直气壮。殊不知小丽如果回答得没有道理，老板还可以批评她。她回答得有道理，老板更是下不了台，于是恼羞成怒，逼迫小丽换掉连衣裙，否则"炒鱿鱼"。结果小丽强忍泪水，赶快打车回家，换衣服。

如果小丽一开始就向老板暗示今天是星期五，可以穿便装，也许老板就会不以为意了。

不要以为多说多错，不说不错。有话不说往往会使你陷入被动的局面，举几个例子：

第一，如果你的上司交给你一项很复杂的任务，你完成不了，又一直不敢开口，最后任务完不成，那所有的过错都是你的。如果你早说了，你的上司就会想其他办法解决：要么找其他的人做，要么他自己做，实在不行就从外面聘请专家。一开始，凡事都还有转圜的余地，而你明明完不成任务，还一声不响、硬着头皮继续做，往往就贻误了时机。

第二，你很少说话，别人就很难了解你，不知你整天想什么，所以有晋升的机会也轮不到你，因为你的上司根本不了解你，又怎么敢提升你？孔子欣赏木讷的人，却也主张言词必须通达。少说话很好，但是少说话绝对不是不说话。

第三，如果你本来是个有说有笑的人，哪天偶然了解到"先说先死"的法则，就突然变得沉默寡言，别人会觉得有些蹊跷。平日少说话，忽然话多起来，或者一向多话，现在居然不说了，都会令人起疑。这种比较明显的变化，多半会被认为是心理不平衡的反应。

第四，如果你和老板一起去拜访客户，老板不小心说错了话，你却不提醒，老板很可能把过错都推到你身上，指责你不救场、居心不良。其实老板选你一起去拜访客户，必然是经过考虑的，认为你会对他有帮助。但是你却漠不关心，也难免老板会火冒三丈。

"先说先死"和"不说也死"相反相成，凡事在说与不说之间，看情势、论关系、套交情，衡量此时、此地、此事对此人应该说到什么地步才算合理。

换句话说，不能够由于害怕"先说先死"而不说，也应该顾虑"不说也死"可能的不良后果。慎重思考怎样说才不致一开口就闯祸。

"不说也死"是告诫我们，不沟通就难以协调与其他人的关系。大家都不说，根本无法沟通。不能沟通，当然无法协调。由于很多人受到"先说先死"的影响，不敢沟通，所以特别提醒大家，不说也死，希望大家早日摆脱"先说先死"的阴影，找到良好的沟通方式。

说到不死

"先说先死"和"不说也死"，构成沟通的两难。我们既然明白说也不好、不说也不好的困境，便应该设法加以突破。换句话说，最好能够"说到不死"。"说到不死"是一门高深的学问，需要在合适的时间、合适的地点，对合适的人，以合适的方式说出合适的话。如何判断合不合适，就要看你的功夫了。

要想"说到不死"，必须选对合适的人，有的话你对甲说没问题，对乙说就会触霉头。我们说"事无不可对人言"，又说"逢人只说三分话"，就是因为说话的对象不同。对知心朋友,当然"事无不可对人言";而对一般人,则应"逢人只说三分话"。比如一般人问你:"听说你要买辆跑车?"你的反应可能是:"没这么回事,我哪有那么多钱啊?"而熟悉的朋友若问你相同的话,你再否认的话,你的朋友就会认为你信不过他,所以你可以说:"我最近炒股票赚了点钱,是打算换辆车,但还没选好,你帮我参谋参谋。"说与不说,需要你衡量轻重,对一般人采取保密到家的策略,以免"先说先死",而对朋友则通过私下透露,以"不说也死"的方式,做到"说到不死"。

下面几个案例可以说明如何才能"说到不死":

案 例

在工作年会上,总经理正在讲话,大家都在聚精会神地听,行政主管发现总经理遗漏了一项重要的行政决定,他不慌不忙地在便条纸上写下"关于……的决定"等,然后偷偷地递给总经理,希望提醒他,把此决定在会上公布一下。

行政主管的做法就很明智,如果等总经理讲完话,行政主管急忙站起来,补充说明一番,相信总经理必定很生气,不但不感激他的补充,而且事后必定气冲冲地责备行政主管:"你以为我把那项决定忘在脑后了?我记得比谁都清楚,只不过我认为暂时不宜在会上宣布,没想到你自作聪明,招呼都不打一声,就宣布了。"而行政主管必定会因"先说"而"先死"。

如果总经理真的忘了,而行政主管不说,那行政总管就会落到"不说也死"的境地:总经理会认为他根本心不在焉,这么重要的事都不提醒一下,以后根本不能信任他。

在说与不说之间,行政主管选择了一种合适的方式,即不明言,该提醒的也提醒了,至于总经理说不说出来,由其自己决定。无论以后有什么结果,总经理都不会怪到他头上。

案 例

业务经理陪老板到客户那里谈判,客户提出让利 3%,业务经理当场拿出计算器,熟练地计算一番,然后把结果递给老板看,嘴上说:"不行,这样我们就无利可图了!"老板看看结果,心里明白,便接着说:"虽然如此,但是看在老客户的分上,再想想办法吧。"

明明可以接受,业务经理嘴上却说不行,实则将决定权交给了老板。老板若同意,等于给对方一个人情;老板若不同意,则有充分的理由拒绝。所以,业务经理真正做到了"说了不死"。如果他计算完,不和老板商量一下,马上说"接受"或"不接受",等于没把老板放在眼里,势必"先说先死";如果他计算完,一句也不说,就等着老板做决定,老板就比较为难,因为他的做法摆明了告诉对方可以接受,老板再拒绝,岂不是让对方嘲笑?

"说到不死"其实就是说到合理的意思。只要合理,大家都能够接受,当然可以不死。

第三节 沟通的艺术

要想"说到不死",就要掌握沟通的艺术。

使对方听得进去

对方如果听不进去,就算你有千言万语,他全当耳旁风。对方听得进去,是良好沟通的第一步。所以开口之前，必须谨慎，以免徒劳无功。当对方听不进去的时候，我们宁可暂时不说，也不要逼死自己。能拖即拖，并非完全没有道理。运用得合理，也是一种有效的沟通方式。

中国人往往情绪反应激烈，一语不合，就可能翻脸。在沟通的时候，我们不能确保每一句话都说得很妥当，但至少可以从第一句话开始就特别小心，以诚恳的语气来使对方放心，使对方了解我们不会采取敌对或者让对方没有面子的方式来进行沟通。这样，对方才会逐渐放松。

第一句话就引起对方的戒心，使他觉得自己可能会吃亏，或者可能会没有面子，他就会采取躲避的策略；躲不开的时候，也会且战且走。一旦对方想"溜"想"躲"，就不可能获得圆满的结果。

中国人说话很少开门见山，而是往往先寒暄一番，看看对方的反应如何。如果对方心情不错，才可以进一步沟通；如果没说两句话，对方就很不耐烦，甚至要端茶送客，那你就算有再重要的事也要忍一忍，因为此时多说无益，"话不投机半句多"便是此理。

有人可能认为中国人的寒暄是在浪费时间，有正事不说，非得在无关紧要的事上大费唇舌，是不分轻重的表现。其实，他们根本不懂寒暄的妙处。东拉西扯，说一些没有用的寒暄话，目的在于了解对方的情绪状态，并且产生稳定对方情绪的作用。不急着讲，先摸清楚情况再说，乃是上策。

寒暄可以试探对方适宜不适宜沟通。比如，人们一见面，通常会说些无关紧要的话：

"你最近气色不错。"

对方如果说："我最近吃不好、睡不好，气色怎么会好？"那你就知道对方心情不佳，不管什么事都需要延后，如果贸然说出来而对方一口回绝的话，连个商量的余地就都没有了。

如果对方回答："还好，最近没什么烦心事。"说明他心情不错，有什么事都可以说了。寒暄可以缓解人们的紧张甚至是排斥的情绪。如果对方摆明不想听你说话，通过寒暄也可以渐渐使对方放松对你的戒备。春秋时期，触龙说服赵太后时就巧妙利用寒暄打动了严阵以待的赵太后。

故　事

赵太后刚执政的时候，秦国加紧攻赵。赵国向齐国求救，齐国的条件是让赵太后的小儿子长安君作为人质。赵太后不肯答应，大臣们极力劝说，结果赵太后明言："有哪个再来说要以长安君为人质的，我就要把唾沫吐在他的脸上。"在这种情况下，触龙出马了。他并没有一上来就痛陈利害，而是一开始说自己脚上有毛病，竟不能快步走，但是因为好久都没见太后，怕太后身体不舒服，所以来看望一下。接着又问太后饮食起居的情况，然后把话题引到自己如何疼爱儿子上，引起赵太后的共鸣。最后说起赵太后与其女儿燕后的事，点明父母疼爱自己的孩子，就必须为他的长远利益考虑。触龙自始至终都没有提到让长安君做人质的事，但是他以聊家常的方式，让赵太后明白"父母之爱子，则为之计深远"的道理。

人们为什么不直接问"你此刻的心情如何？可以和你沟通吗"？那是因为，中国人十分机警，遇到这样的询问，大多不敢明说，以免吃亏上当。在没有摸清楚对方的用意之前，谁也不愿意冒险回答这样的问题。这样问，对方大多沉默不语，问了等于没问。还不如稍微拐个弯儿，反而容易获得比较真实的答案。

当然，也可以不用寒暄就切入正题，但是要满足一定的条件：

其一，双方比较熟识，且要谈的事多半比较重要，前因后果双方也比较清楚，这时可以不用铺垫，直接切入正题。

其二，自己有把握吸引对方的注意力，让对方不得不按照自己的思路走。

《三国演义》中有几段关于说客的描写：

军士引阚泽至，只见帐上灯烛辉煌，曹操凭几危坐，问曰："汝既是东吴参谋，来此何干？"泽曰："人言曹丞相求贤若渴，今观此问，甚不相合。黄公覆，汝又错寻思了也！"

阚泽诈降曹操，必须要让曹操相信，如果直接表述忠心，以曹操的疑心之重，绝不会相信。所以阚泽反其道而行之，直言曹操徒有虚名，反而使曹操想听听他到底想说些什么。

马超端坐帐中不动，叱李恢曰："汝来为何？"恢曰："特来作说客。"超曰："吾匣中宝剑新磨。汝试言之，其言不通，便请试剑！"

恢笑曰："将军之祸不远矣！但恐新磨之剑，不能试吾之头，将欲自试也！"超曰："吾有何祸？"……

李恢去说马超，第一句话就说明来意，然后以一句"将军之祸不远矣"引起马超的关注，痛陈利害，顺利说服马超归顺刘备。这些说客都是能言善辩之士，自然有能力牵着对方的鼻子走。但是，在现实生活中，这样的人确实不多见，所以中国人常常以迂回的方式，先让对方表明不会生气，然后说出可能会冒犯对方的话。

比如试探地问："我有一句话不知当讲不当讲？"不要以为这是废话，这话是告诉对方："我要说几句话，而这几句话可能会引起你的不快，你要有个心理准备。"

在《红楼梦》中，袭人对王夫人说贾宝玉该打这种绝对会冒犯王夫人的话时，也采取一波三折的方式：

袭人道："别的缘故实在不知道了。我今儿在太太跟前大胆说句不知好歹的话。论理……"说了半截忙又咽住。王夫人道："你只管说。"袭人笑道："太太别生气，我就说了。"王夫人道："我有什么生气的，你只管说来。"袭人道："论理，我们二爷也须得老爷教训两顿。若老爷再不管，将来不知做出什么事来呢。"

为了让对方听得进去，我们很容易采取讨好的方式，尽量说一些好听的话，让对方听起来很高兴，而易于接受。其实，想讨好中国人，并不简单。

既不能单纯地讨好对方，又要让对方听得进去，唯一的办法就是把话说妥当。只是说得对并没有用，有时候，你说得越对，对方会觉得越没面子，以致恼羞成怒，更加听不进去。说错了，后果更加严重。

说得对，还不如说得妥当来得有效。但每一句话都要说得很妥当，实在不容易。任何话一出口，对方大多不会"就听到的话来判断"，反而多半会"在听到的话之外去猜测用意"。弦外之音，往往比说出来的话更重要。

要学会察言观色

我们在开口说话之前，要谨慎小心，努力让对方听得进去。另一方面，我们也要用心听取对方所说的道理，不要过于在意对方怎么说。

任何一句话，认真去听，都可能听出某些道理，不可能毫无价值。但是，我们常常不在乎这些道理，却斤斤计较于对方表达时的态度和语气。换句话说，我们不认真听对方在讲什么，却十分介意对方是怎么讲的。事实上，愈有道理，愈容易引起听者的反感，所谓忠言逆耳。只要双方都认真地听，那么中国人沟通起来就会顺畅得多。

但中国人很奇怪，心中有话不一定说出来，而要等着对方来猜；就算我们勉强说出来，也必定说得含含糊糊、不清不楚；而当我们说得很肯定的时候，对方就更小心了，因为说得斩钉截铁的未必是真话。中国人这样做，不是没有道理的，只是不了解的人，很难明白我们的真实意图，造成沟通障碍。

既听他的话，又看他说话的样子，综合判断，才可以决定信或不信。这时就需要我们发挥察言观色的本领，关注对方说话时脸部的表情。表情比言语本身更能表达内心的动态。人类五官之中，眼睛是最敏锐也最诚实的。《孟子·离娄篇》说："存乎人者，莫良于眸子。眸子不能掩其恶。胸中正，则眸子瞭焉；胸中不正，则眸子眊焉。听其言也，观其眸子：人焉廋哉！"意思是，观察人的邪正，没有比观察他的眼睛更准确的了。眼睛不能遮掩人的恶念。心正，眼睛就明亮，心不正，眼睛就昏昧。听了他的话，再看他的眼睛，人的邪正，哪里隐藏得过去呢？

说话的速度、说话的语调、说话的节奏等，能帮助我们揣摩对方的心理。比如，说话的速度常常能反映一个人的心情，说话快的人突然慢下来，那他可能有些不满，而说话慢的人忽然加快语速，他可能在说谎，或者心中怀有愧疚。

再比如说话的音调。一般人说谎时，由于害怕事情被揭穿，音调会不自主地提高。同时，为了反对他人的意见，也可能提高自己的音调。

说话的节奏也很重要。节奏比较顺畅时，说明他很有信心；若张口结舌、吞吞吐吐，说明他缺乏自信。

喜欢复述对方的言辞，表示自己一直在注意听；一边听话一边点头，表示全神贯注、心无旁骛；自问自答的人，多半相当顽固；既不肯定又不否定的人，往往有点神经质。

要准确做出这一类的判断，最好提醒自己：每一个人的观念，都不太一样，必须平日多做沟通，促进了解，把对方的价值观和人生观摸清楚，然后再来评断，才会比较准确。否则把坏人当成好人，将好人看成坏人，不但自己吃亏，也会引起他人的不满。

特别是对一些老于世故的人，喜怒不形于色，很难从其表情上看出其内心活动。所以若非经过多次观察，最好不要轻率地加以判断。

古语说："衣不如新，人不如故。"大抵因为相处时间长了，比较容易了解对方的心理。新人相处不久，彼此互不了解，看对方怎么说，实际上和听对方怎么说一样困难。

站在对方的立场

在沟通方面，中国人最重视圆满，也就是设法站在每个人的立场上，让大家都有面子。如果是很多人在一起的时候，不能只照顾几个人而冷落其他人。被冷落的人觉得很没面子，就会引起情绪上的反弹，故意制造很多问题，不但增加沟通的困难，还会产生难以预料的不良后果。《红楼梦》中的王熙凤在初见林黛玉时，说她"况且这通身的气派，竟不像老祖宗的外孙女儿，竟是个嫡亲的孙女"，林黛玉远来是客，夸奖她是应该的，但是当时迎春姐妹都在场，如何只夸奖黛玉的话，恐怕她们会觉得不快，所以王熙凤一句"竟是个嫡亲的孙女"，在夸奖黛玉的同时，又肯定了迎春姐妹，使大家都很有面子。

当然，在人数众多的情况下，让每个人都有面子，确实很难。但在沟通的过程中，尽量站在对方的立场上，则有助于沟通的顺利进行。《三国演义》中，李恢劝降马超，始终是替马超考虑，先指出"将军之祸不远矣"，接着说明马超的困境——"目下四海难容，一身无主"，最后说"刘皇叔礼贤下士，吾知其必成，故舍刘璋而归之。公之尊人，昔年曾与皇叔约共讨贼，公何不背暗投明，以图上报父仇，下立功名乎"。一番话，既帮马超出招解决眼下的难题，又替马超筹划了未来，马超又怎会不投降刘备呢？

●●● 第四节 沟通的层次

沟通一般可以划分为四个层次：第一是不沟不通；第二是沟而不通，不管你怎么沟就是不通；第三是沟而能通，比较顺利；第四是不沟就通，这是比较高的层次。

不沟不通

从本质上讲，不沟不通算不上沟通，甚至可以说是沟通的反面。但是，可以将其作为沟通的起点。任何沟通进行前，都是不沟不通的状态。不沟不通，是指人们没有沟通的欲望或沟通的必要，处于不相往来的状态。比如，两人虽然彼此认识，但是工作、生活基本没有交集，不需要"通"，所以也没有"沟"的必要。

沟而不通

中西方人在沟通方面存在很大差异，西方人有什么事都会讲出来，其看法是"我有事情，想跟你讲"；中国人有什么事决不会讲出来，其看法是"我有事情，根本不跟你讲"——我有事，为什么要跟你讲？由此可见，西方人的出发点是"我要说"，中国人的出发点则是"我不跟你说"。

正因为出发点不一样，结果也不一样。很多中国人学习了西方的沟通理论后，想在中国社会广泛应用，却往往造成沟而不通的现象。以西方人的沟通原则为基础，无论你开口说话，或者闭嘴不说，都可能沟而不通。

有时候，人们虽然在滔滔不绝地说话，但是一方说的话，另一方根本没听进去。甚至，听的人很生气，当面加以指责，使说的人简直下不了台，或者表面上装成无所谓的样子，内心却恨死说话的人。这就是沟而不通的现象。其实，在现实生活中，很多人都停留在沟而不通的层次上。说了很多话，却收不到效果，无法达成预期的沟通目标。

古人常说："武死战，文死谏。""文死谏"无非是沟而不通导致的悲惨结局。中国历朝都有专门的官员负责向皇帝进谏，但常常因沟而不通，触怒皇帝，最后丢了性命。在现代社会中，沟而不通虽然不至于让我们没了性命，但也会产生巨大的障碍，使我们寸步难行。

中国人相互之间为什么不容易沟通？首先，和面子有关系。沟而不通，和所说内容的对错没有必然的关系，并不是说得对就"通"，说得不对就"不通"。有时候，说得对也很危险，对方常常会因为你说得对而觉得没有面子：不是觉得你在指责他不对，就是认为你把他当作傻瓜，嘲笑他连浅显的道理都不懂。人一旦觉得没面子就会恼羞成怒，以致蛮不讲理，当然沟而不通。修养好一些的人，表面上很高兴，其实心里颇不以为然，同样是沟而不通。

在这种情况下，闭嘴不说也不行。对方如果看到你不开口，也来个相应不理，造成尴尬的气氛，想说的人更不知从何说起，也会沟而不通。

因此，说与不说、说对说错都可能沟而不通。中国人之所以先说先死，是因为任何人所说的，不过是片面的道理，充其量只能说是自圆其说。别人要支持你，固然可以说出一大堆道理，使我们觉得很有面子；若是不支持，照样可以陈述许多道理，让我们颜面无光，倍感羞惭。实际上，在中国社会，某一个人赞成另一个人的观点，并不意味着是对其观点的完全认同和肯定，而是因为前者能感觉到后者对他的友善而予以支持，这是一种道义的表现。所以说话的人，为求立于不败之地，必须先摸清楚能不能获得别人的支持。

其实，情绪化也是中国人不易沟通的主要原因。虽然全世界人都有情绪，但只有中国人的情绪起伏最大。中国人的情绪，说起来十分有趣。由于警觉性很高，所以疑心很重，因此情绪的起伏很大。往往一句话听得不顺，就会想得很多，而且愈想愈多，也愈想愈火。以"你把我惹火了，我当然不讲理"为借口，干脆蛮不讲理到底，看你还有什么本事，可以和我沟通？

在这种情况下，唯有小心翼翼、步步为营，一句话都不能讲错，不把对方惹火，才能顺利沟通。

如果预料到得不到沟通的效果，那还不如不说，最多引起对方的不愉快，大家的损失并不大。如果对方是有识之士，知道"不说话并不代表无话可说，而是不知道该不该说，要怎么说才有效"，于是制造沟通的渠道来增强沟通的信心，营造沟通的气氛，反而容易达到沟而能通的效果。

不说毕竟是消极的做法，要想改变沟而不通，最好是站在对方的立场来沟通，凡事以对方的利益为出发点，就算你说的话他不接受，至少他也会思量一下。久而久之，就能获得对方的信任，这样沟通起来就方便得多。如果得不到对方的信任，你说的每一句话他都要考虑一下是何用意，沟通起来就相当困难。

当事情有多种选择时，还可以瞄准对方的需求，模拟出若干可能的方案，再依对方的立场和行事风格，评估、分析、选择其中最合适的。刘备欲取西川，庞统献了三条计策，让刘备选择。最后刘备认为"上计太促，下计太缓；中计不迟不疾，可以行之"。当然了，如果几种方案均不可行，还可以再行调整，以求获得合理回应。

沟而能通

沟而能通当然是人们喜闻乐见的情况。误会也好，分歧也好，只要沟而能通，都不是问题。

沟通也要讲缘分，有缘的人在一起，肯定会谈得很投机，好像没有什么禁忌，什么都可以谈，怎样说都可以。无缘的人在一起，多数是话不投机，或者是各说各的，说的时候很热闹，但不会产生任何效果。

其实，只要关系够、交情深，而且场合适宜，即掌握了天时、地利、人和，中国人照样能够有话直说、有话实说，不但彼此畅快，而且效果良好。

前面说过，中国人之所以不易沟通，首先是因为面子问题。也就是说，当对方觉得很有面子的时候，大多比较容易沟通。

其次，情绪问题也是影响沟通的重要因素。当中国人情绪好的时候，不管说话的人如何唐突、冒犯、无礼，都能够心平气和地合理响应，一副大人不记小人过的模样。如果双方都能够有诚意、能包容、不计较，当然沟而能通，一点障碍都没有。

要想让别人感觉有面子，并且有好的情绪听你说话，关键就看你怎么说。这就存在一个问题：如何处理妥当话与真话的关系。有时候，真话反而是最刺耳的。不要以为反正是实话实说，怎么说都一样。其实，同样一句话，说得妥当一些，对方比较容易接受；说得绝对真实，对方往往受不了，反而听不进去。

比如说，"你这件衣服太难看了，我送你件新的吧"，这么说的话，虽然送别人东西是好意，但绝对不妥当，对方很难接受。我们常说有人好心办坏事，就是因为办得不够妥当，才事与愿违。

不沟而通

不沟而通是一种高度的艺术。我们先求说到不死，再求沟而能通，逐渐走向不沟而通的境界，当然十分美妙！

中国人十分讲究人与人之间的默契，高度的默契便是不沟而通，是一种难得的沟通"美景"。有时候人们不需要说话，光靠眼神、动作就能传达意思。赤壁之战时，"一阵风过，刮起旗角于周瑜脸上拂过。瑜猛然想起一事在心，大叫一声，往后便倒，口吐鲜血"，只有诸葛亮知道周瑜的心病，开出"欲破曹公，宜用火攻；万事俱备，只欠东风"的药方，这也是不沟而通的例子。

当然，我们不可能都像诸葛亮那样聪明，但是要想做到不沟而通，却也不是毫无章法可循。

不沟而通的关键在于双方的默契，而要建立默契，就要关注对方，随时随地注意对方的举动，不依赖对方的言语表达，而主动地捕捉对方的肢体语言。毫不关心对方，不注意观察对方的举动，当然无法不沟而通。我们只有将心比心，通过心与心的感应，使对方的心意能够畅通地传过来。心意相通，自然不沟而通。

●●● 第五节 沟通的原则

中国人普遍重视诚信，对于不诚无信的人，非常厌恶。但是，沟通的时候，却常常要求对方：

"我告诉你，你不要告诉别人。"

稍为放宽一些："你如果要告诉别人，就不要说是我说的。"

"如果你告诉别人是我说的，我一定说'我没说'。"

中国人说这些话时，根本没有欺骗的感觉。可见它和诚信并没有关系，也就是不属于不诚无信的范围。听起来怪怪的，却具有相当的道理。

第一句话表示你我关系不同，所以我才告诉你，我说的话，你相不相信、相信到什么程度、要不要转述、转述到什么地步，都必须由你自己决定，不要赖在我的身上。我告诉你不要告诉别人，事实上并没有什么约束力，只是好意提醒你，一切由你自己做主。

第二句话的含义是，你如果决定要告诉别人，表示你已经充分明了、相信我所说的话，是经过考虑后告诉别人的，这时候你所说的话，已经是你自己研判之后的资讯；而你所要告诉的对象，也是你自己审慎选择、决定。一切都与我无关，所以不必再把我拉扯进去，说什么是我说的。

也就是说，我既然可以告诉你，你在必要的时候当然可以告诉别人。但是你必须审慎地选择对象，就好像我选择你一样。只要关系够亲密，可以放心地告诉他，而不必担心产生什么不良的后果。但是，你告诉别人的时候，千万不要提及我，以免使我难做。要不要告诉别人，我充分尊重你的决定。但在保密信息来源方面，也请你充分尊重我。

我告诉你的话，是经过我的分析辨别之后才告诉你的，所以你告诉别人的时候，怎么说、说多少，都由你自己决定。你所说的内容，当然也是你自己认为可以说的，因此已经和我说的没有什么关系了。如果此时你再说这些内容是我说的，那就太不尊重我了。

而听话的人却希望说话的人必须负起责任，"都是你说的，不然我不会做这种事"。意思是，我并不是故意犯错，或者能力太差，而是因为你这么说，我又很相信，才弄得如此不堪，罪不在我。那么，发生这种事，是该怪说话的人不负责任，随便乱说，还是该怪听话的人不懂分辨，太轻信别人？其实，双方都有责任，应各打五十大板。不过，为了杜绝此类事情发生，我们就要严格约束自己。不管我们是说话的人，还是听话的人，都应该对自己的行为负责，既不要以讹传讹，也不要偏听偏信。

从听话的人的角度来说，说出是谁说的，以给别人有求证的可能，不但伤了与说话人的和气，也会使自己处于被动的局面。因为说话的人若言之凿凿地否认自己说过这种话，会使别人对听话的人的信用产生怀疑，认为他是在搬弄是非。

如果说话的人成心以假话骗人，等听话的人相信了又转告他人的时候，再拆穿假话，就会使听话的人百口莫辩。因此，为了安全，听话的人若真要转告他人时，最好以模棱两可的语言转述，以免有人较真，产生不良后果。

第三句话的含义是，如果你一定要告诉某人，却又指名是我说的，鉴于这个对象根本不是我选定的，要说哪些话，说到什么程度，也不是我所能控制的，因此我只有表态：我并没有说这些话，至少我不是这样说的，语气、用词都不相同。

明明是自己说的，却常常加以否认。因为我会认为：我告诉你的时候，已经提醒你不要告诉别人。你一定要告诉别人，实际上我也禁止不了。所以我只要求你，不要说是我告诉你的。现在你不但告诉别人，而且公开了信息的来源，明白指出是我说的，那我只能加以否认。这样有什么后果你自己负责，怨不得我。因为你不理会我的要求，指明是我说的，不但不尊重我，还把责任推给我，我只好郑重否认，把责任再推回给你。

再者，你告诉别人是我说的，我又弄不清楚你同谁说的，当时是怎么说的，现在居然要我承担责任，我怎么能够承认？如果我的否认使你没面子的话，我也没办法。你既然告诉别人，就应该自己承担所有的后果。

●●● 第六节 沟通的方向

沟通，按信息流动的方向来分，可以分为向上沟通、向下沟通和平行沟通。我们说，中国人的人际关系实际上是一种人伦关系，而人伦是有大有小、有上有下的，人们不能以大欺小，也不能以下犯上。

向上沟通是指居下者向居上者陈述实情、表达意见，即我们通常所说的下情上达，如臣对君、子对父、下属对上司等。

向下沟通与向上沟通正好相反，是居上者向居下者传达意见、发号施令等，即我们通常所说的上情下达。

平行沟通是指同阶层人员的横向联系，如公司内部同级部门之间都需要平行沟通，以促进彼此的了解、加强合作，以免产生隔阂，影响团结。平行沟通的目的是交换意见，以求心意相通。

这三种方向的沟通，对任何人而言，都是常用的。而且流动的方向不是一成不变的，而是会随着具体情况的不同随时改变。

向上沟通

在向上沟通中，"下"应是主体。以下属与上司进行沟通为例，下属经常要汇报、请示、建议，甚至犯错误以后要辩解，这都属于向上沟通。在向上沟通时，下属应该谨记"上下"观念，不可以下犯上，当然也不必奴颜婢膝。

下属应该安守本分，小心自己的言行，让上司感受到尊重，否则上司只好摆出上司的架子，下属反而觉得没有面子。有些下属，上司稍微对其客气些，便得意忘形，没大没小起来，弄得上司不得不摆出高姿态。

最好的办法是，表现得不卑不亢：太"亢"，会使上司的面子受损，上司真要还以颜色，吃亏的还是下属；太"卑"，上司会觉得这个下属太无能，靠赔笑脸混日子。下属不能让上司感到功高震主的威胁，也不能让上司觉得自己无能。

　　有时候，下属与上司意见发生分歧时，下属应该合理地坚持，才能树立信用。否则，上司一说"不"，下属就见风转舵，只会给上司留下不可靠的印象。即使坚持自己的想法，也要先肯定上司的意见，再表达自己的意见；或者提出问题，反过来请教上司。当然，也不能过分坚持，否则就成了顶撞，上司以为下属在挑战他的权威，难免会以势压人，容易伤了上下级的和气。当出现严重分歧时，下属最好不说话，显出一直在深思的样子，上司自然看得出来，但是下属不要说出来，等上司让说时才说。意见相同时，要给予热烈的回应，不要说"我也这么想"，上司会以为你是随声附和，最好说："我想了许久都没有想到，原来这样最好。"

　　打开上下级言路的最好方法是让上司感到下属心中有他。一些企业老板毫不隐晦地说，他们最重视下属心中有没有老板。如果你能让上司感到你心中有他，你说的话他就会听得进去，因为他觉得你的所作所为都是为他着想的。相反，如果你做不到这一点，你提出任何意见，他都会怀疑你的动机，也就不容易接受你的意见。

向下沟通

　　向下沟通时，"上"应是主体。要想沟通顺畅，上司要降低自己的姿态，不要一副高高在上的样子，使下属畏惧，产生不愿意沟通的情绪。中国人重视身份地位，所谓的"大人不计小人过"，就是"大人"不去同"小人"斤斤计较。所以，越是位高权重的人，越会表现出平易近人的样子，同下属说话的时候就如同仁慈长者，多数是谆谆教导的口吻。凡是那些动不动就大发雷霆、咄咄逼人的上司，往往是火候没到，还不懂得中国人的"为官之道"。

　　三国时，吴国大将吕蒙骁勇善战。他自幼家贫，没有读过书，吴王孙权常劝吕蒙多读点书，但是吕蒙以军务繁忙为借口推脱。在这种情况下，孙权并没有指责他不学无术且不听劝告，而是说："你说事多，难道还多过我吗？我常常抽时间读书，感觉受益颇多……"经过孙权的劝导，吕蒙终于发愤读书，这才有了"士别三日，当刮目相看"的典故。

案 例

某公司副总第一次到香港出差，回来后满腔热情，在开会的时候不谈正经事，大谈特谈香港的风土人情。与会的人听得不耐烦，又不好打断他，只好都看着总经理。总经理该怎么办？他已经暗示过副总了，可是副总视而不见。一个总经理连会场都控制不住，还当什么总经理？于是，总经理只好用强制的方法，对副总说："这事以后再谈，我们现在谈正事。"副总当面被驳，面子上有点挂不住，为了不在下属面前颜面扫地，他依然故我，宁可散会以后挨骂，也要在下属面前保住面子。

这下子，轮到总经理面子上挂不住了，其实总经理可以这样说："李科长，你安排两个小时的时间，我们专门请副总来说说他到香港的事情，今天我们抓紧时间解决问题。副总，你的事情十分钟也讲不完，我给你安排两个小时，做一个专题演讲，好不好？"这样，既给副总留了面子，又限制了他说题外话。当领导的，被别人牵着鼻子走，下面的人谁会服你？可是一旦领导太凶了，所有人都会转而同情弱者，让领导进退两难。

平行沟通

对上沟通、对下沟通，彼此之间都会保留三分的礼让空间，比较容易找到合理的平衡点。平级之间，大家地位相同，很容易产生"谁怕谁"的心态，对沟通十分不利。中国人其实谁都不服谁，当大家处在同等地位的时候，这种现象更明显，甚至一句话、一个动作，都会引起他人的不满。比如，你说"听我说"，别人会想："别自以为是了，凭什么听你的？"

在这种情况下，要想进行顺利的沟通，要先从自己做起，尊重对方，对方才会用同样的态度对待你。中国人是讲交互的，你敬我一尺，我敬你一丈，所以，你尊重对方，对方也自然会尊重你，这样才方便沟通。

沟通的时候要以真诚的心去交流。中国人疑心比较重，稍不留神，就会触动其怀疑的神经，一旦中国人产生疑心，你说什么都没有用，因为他什么都不会相信。中国人说"一次不忠，百次不用"，不要认为中国人太决绝，这只是小心谨慎的表现。千万不要存心占便宜，也不要设陷阱存心让别人出丑，中国人很怕吃亏，吃过一次亏后，就不愿再和你打交道。所以，建立"和我打交道，一定不吃亏"的信用，增强大家对你的信任感，才能方便沟通。

第五章
如何处理内部工作关系

在一个工作团队中，通常分成三个层级：老板、干部(除老板外的各级主管)和员工，三个层级的工作重心不同，和别人打交道的方式也不同。

在一个工作团队中，通常分成三个层级：老板、干部（除老板外的各级主管）和员工，三个层级的工作重心不同，和别人打交道的方式也不同。

员工的作业很单纯，他们注重的是技术，不牵扯太多的东西。作为一个普通员工，只要安守本分、勤劳敬业，一般都会讨上司的喜欢；只要团结友爱、乐于助人，一般都会与同事搞好关系。

与员工相比，干部注重的是制度，主要负责依制度实施具体的管理，而制度针对的是员工，却管不了老板，这也是我们跟西方不一样的地方。

干部处于承上启下的位置，既要与老板搞好关系，又要与下属搞好关系。哪方面的关系搞不好，都会使自己处于两难的境地。因此，干部在与方方面面打交道时，要格外小心，以免得罪了老板，或得罪了员工。

老板重视的是人性面。在我国的企业中，除了制度之外，要想管理好一个企业，就必须以人为本，关注人的方面。

在一个团队中，老板的作用不是管人，而是理人。老板要了解与人有关的方方面面的问题，而老板的个人作风常常影响整个团队的氛围。一个精明能干的老板必定会带出一个精明能干的团队，所谓"强将手下无弱兵"，团队中的人际关系相对简单，工作氛围相对和谐。相反，一个喜欢玩弄权术的老板必定带出一个钩心斗角的团队，团队中的人互相倾轧，人际关系复杂。

●●● 第一节 老板如何处理人际关系

一个团队的成败，老板要负 70% 的责任，重任在肩，所以老板难做。有人通过"宁为鸡首，毋为牛后"这句成语推断出中国人喜欢当老板，殊不知，与"宁为鸡首，毋为牛后"相对的，则是"大树底下好乘凉"。中国人一方面喜欢当老板，一方面也喜欢成为好老板所赏识的人才。有许多人，就是找不到好老板，不得已才自己当老板的。

当老板有甘也有苦，有时候表面风光，心里却苦不堪言：既要保证公司顺利发展，又要与各个相关单位打交道，还要摆平公司内部的各种麻烦事儿……

老板对自己要严格要求

管理就是管人，而人是很难管理的，因为中国人不太理会制度。在很多企业里，只有那些没有办法的人才受管理制度的约束，只要稍微有一点办法、有一点背景的人，往往都会把制度抛在脑后。所以，企业制度所制约的对象，要么是老实人，要么是无依无靠的人，要么是没有能力的人。稍微有一点办法的人就会动脑筋，找制度的漏洞，甚至找很多理由篡改制度。但这一切都在合理的范围内，中国人不会轻易做违法乱纪的事。

在这种情况下，老板千万不要奢望单纯用法治来管理团队，必须以人为本，结合"人治"。而要治人，首先要从自身出发，管理他人要先从管理自己开始。

前面说过，老板的个人风格可以影响企业的风气，甚至影响到下属的办事方法。事必躬亲的老板十分辛苦忙碌，有人才却不善于用，下属多袖手旁观，或者表面应付。这种老板本想以身作则，督促员工努力工作，可是他不明白，以身作则是指修养，不是指工作。品德良好，足以作为大家的表率，这就够了。至于工作方面，"不在其位，不谋其政"，才能够让各部门的人员充分去发挥。管得太多，大家反而不能放手去做，有害无利。

知人善任的老板知道，凡事亲力亲为迟早会被累死，因而把自己的时间和精力花在"知人"上面。先了解下属的长处，再委任合适的工作，做到"善任"。

还有的老板可以做到人尽其责，使下属都能做得很好，不需要自己操心。这当然是最好的局面，要想达到如此境界，老板除了要有清醒的头脑，还要做到以下几点：

好心

老板最要紧的修己功夫，便是时时刻刻提醒自己"要好心"，也就是时时记住天地良心。

真正成功的老板能够抓住别人的心和别人的钱。有100个人愿意把心交给你，你就可以领导100个人共同奋斗；有100个人肯把他们的钱交给你去运用，你就有100个人的资金。中国人很难把心交给你，中国人也很怕把钱借给你，这是事实。如果你做不到这点，只靠自己的心力，那你很快会心力交瘁；只靠自己的本钱，那你的生意规模也是有限的。如果有一群人，愿意把心交给你，愿意把钱交给你去运用，你就成功了。

一般而言，最高明的老板，是拿政府的钱，也就是用老百姓所缴纳的税款，来充当事业的资金。其次则是向银行贷款，贷得愈多愈好。再次是由财团支持，筹集一大笔创立资金。然后是向亲朋好友筹集，大家合伙，一起把钱凑起来。最没有办法的，才动用自己的钱。

要获得别人的钱，不一定要拿出自己的钱；但要获得别人的心，首先要付出自己的真心。中国人一向感恩图报，所以老板要先施恩，员工才会努力回报。

企业老板当然是要以赚钱为目的的，毕竟企业不是慈善事业，但是要处理好义与利的关系。孟子主张重义轻利，并没有否定利，只是义和利比较起来，义应该重于利。

赚取适当的利润，乃是老板的第一大目标。老板正当赚钱，企业才能够发展，才能缴纳更多的税，才能造福于社会。但是，赚来的钱怎样处理，是老板必须考虑的重要课题。不讲良心的老板，只会压榨他人的脑力，欺骗他人的金钱，把经营的成果中饱私囊；而讲良心的老板，则会适度运用他人的脑力，合理运用他人的金钱，把经营的成果分享给有关的人。

好心的老板必定能营造一派祥和的气氛，使员工乐在工作，彼此关系和谐。员工有感于老板的好心，必定也能全力以赴，上下齐心，使企业蒸蒸日上。

包容

老板除了好心之外，还需要具有容人的度量。包容他人的长处，才能够发挥他人的潜力。善待比自己能力强的人，才能够得道多助，获得更大的力量。

孔子说，能尊重贤人，对于事理就不致疑惑了；能爱护亲人，伯叔兄弟们就不会有怨恨了；能敬重大臣，临事就不会迷乱了；能体恤臣下，才智之士就会竭力以图报效了；能爱民如子，百姓们就会自动前来效忠了；能招徕各种工人，国家的财政就充足了；能善待远方的人，八方的人都来归附了；能安抚列国的诸侯，天下人都自然畏服了。

老板是组织的首脑人物，当然应该深谙尊重他人的道理，才能够合理地领导他人，活用他人的长处。怎样尊重他人呢？孔子说："尊其位，重其禄。"尊其位是精神方面的，就是给他合理的职位；重其禄是物质方面的，就是提供合理的待遇。两方面并重，则没有人不尽心竭力。

尊其位、重其禄，首先要具有恢弘的度量。汉字中有一个字很重要——"无"。全世界只有中国人最懂得"无"，只有中国人能够"无"中生"有"，能从"无"看出"有"来，这叫作"无心之感"。

"无"的程度高，他就是圣贤；"无"的程度低，他就是凡人。一辈子总在"有"这个层次打转的，其实很可怜，就是我们所讲的"想不开"。度量小的人永远也想不开，永远计较自己的得失，就会始终停留在"有"的层次上。而度量大的人容易想得开，想得开才会懂得付出，而有付出才会有回报。

老板对员工要尽力地投入，不计较产出，结果是你将立于不败之地，这就是对你的回报。如果老板对员工说："我对你这么好，你一定得好好报答我。"这种话讲了只会对自己不利，因为你对他好，是你应该做的事情，他要不要对你好，由他来决定，这才叫交互主义。度量大的老板能做到该付出的都已付出，却不计回报，这是一种奉献。

如果老板能做到无心的服务、无心的关怀，那员工必然会持久忠诚。老板的度量在一定程度上影响其事业的规模，能够容纳十个人的老板，和能够包容一千个人的老板，所领导的事业，规模一定不相同。换句话说，老板的度量愈大，他所主持的事业的规模必定也愈大。三国时期的袁绍器量狭小，虽然他当时的声望、势力都是数一数二的，却被曹操以7万人马打败了其73万大军。

老板有度量，员工勇于开拓创新，干劲十足，大家朝着一个目标努力，何愁企业搞不好？

修德

中国有句话，叫"心想事成"。如果心想还不能事成，只能怪自己。如果老板有管好人的愿望，却没有得到良好的效果，其原因一定在自己身上。中国人重视心与心的感应，那完全是电磁波与电磁波的交流。中国人能不能团结，完全看领导者好不好。领导者好，中国人就能够众志成城；领导者不好，中国人就像一盘散沙。

因此，老板的主要任务是"修己"，即修造自己，而不是改变他人。花费太多的时间和精力去改变别人，只会费力不讨好。老板若是一心一意想要改变员工，员工就会保持高度警觉，不是全力抗拒，便是表面接受，阳奉阴违。因此，不如用心改变自己，让员工受到良好的感应，自动地改变自己，反而更为快速有效。

修己安人是中国人非常特殊的原则。如果老板自己不能修身养性，就领导不好任何人。中国人的眼睛喜欢往上看，老板的一举一动都逃不过员工的眼睛。老板有哪些善举，员工看得见，并会跟着学习；老板有哪些恶行，员工也看得见，并会加以模仿。因此老板一定要以身作则，要让员工觉得，面对你这样的老板，他们不忍心骗你，这样你就成功了。

有个企业老板跟我说过，他经营了十几年，没有一个员工跳槽，因为他根本就没管过员工，而是做到让员工看到他就觉得不好意思欺骗他，所以他的员工都兢兢业业。

中国人都是很有良心的，如果老板的德行不够，员工就会认为：像你这样的老板，我对你讲良心干什么？

老板重视德行，必定也会感染员工重视品德。如果每个人都能做到以德服人，那企业中又怎么会有令人心烦的明争暗斗？生存在重视德行的团队中，员工不会被各种不正常的关系干扰，必会尽心尽力、各负其责，将自己所有的长处都发挥出来。

老板可以说就是激发他人乐于为团体目标而奋斗的人。老板有才无德，就无法有效地管理，因为他无法得到下属的心，使下属乐意和他相处，更谈不上乐意接受他的领导。"得人心者昌"，自古以来，民心都受到重视。

任何事业，都是人的事业。领导的本质，便是带心，即由关心人开始。带心并不是讨好，老板绝对不可以讨好下属，那样势必无法达到目标。只有抱着不讨好的心态来得到大家的心，才是圆通的老板。

老板要和下属心心相印，否则双方就契合不起来。明明是一句好话，对方也可能觉得很难听而听不入耳；明明是一件好事，也会由于缺乏默契而彼此猜疑，导致不良的后果。人心善变，带心的人，本身必须具有充分的应变力，能够将心比心而随机应变。圆通的老板，务求心正意诚，以随机应变防止投机取巧，大家才能心悦诚服，不致有被骗的感觉。

老板对干部要恩威并施

俗话说，"物以类聚，人以群分"。有什么样的老板，就会吸引什么样的员工。在现代企业里，人员流动频繁，最后留下来的必然是和老板有共同之处的人。因此，不同的老板，就会带领出不同的团队。

老板的事业如果愈做愈大，不可能样样亲自去管。这时候，适当地委托别人来协助自己管理，应该是顺理成章的做法。企业形成一定的规模以后，如果没有干部的支持与配合，老板是不可能管好企业的。

干部是老板不可或缺的得力助手，因此老板必须与干部搞好关系，否则干部团结起来与老板斗，老板肯定招架不住。要想与干部搞好关系，老板应做到以下几点：

把功劳让给干部

老板要给干部提供发展的平台，而不是与他们争功。也就是说，凡是干部能做的工作，老板一律不要做，而是等干部完成任务后，再来表扬、鼓励他们。遇到干部不能做的事情，老板必须挺身而出，拿出主意来，让干部深深觉得自己的老板确实有能力。

在创业初期，老板确实应该亲力亲为，带领大家一起奋斗；但当企业走上正轨后，老板就要逐渐放手，将权力移交给干部。这就像教小孩走路一样，当一个小孩蹒跚学步时，你扶着他，他才敢走路，如果你一开始就撒手不管，小孩就会摔跤，以后他就不敢走路了。等他渐渐走得稳了，就要放开手，让他自己去尝试，如果此时你还不放心，还要扶着他，那他一辈子都不会走。

一开始，老板要带着干部，教会他们怎样做，否则就是不负责任，老板的责任是保证干部能够完成工作。干部成长到什么程度，你就放手到什么程度，这个"度"要自己去拿捏。

很多老板都是白手起家的，一开始凡事亲力亲为，所以舍不得放权，或担心干部做不好，这样一生占有权力会很辛苦。刚开始，老板要样样做给干部看，因为你有经验，知道该如何做。等你把所会的知识都传授给干部后，就要让他们自己去尝试，而你自己得抓紧时间充实自己。干部成长了，你也得成长。当你的干部不太相信你，或者他们给你提出很多意见，或者你交代的事他们推三阻四，甚至玩点花样，你就应该明白问题出在你身上，要从自身找原因。老是责怪别人的人，是不可能成长的，而随时检讨的人，才会不断提高。

当企业走上正轨之后，老板遇事要斟酌一下，先看看这事干部能不能做，适合哪个干部做。如果干部能做的就不要抢过来，以免引起干部的不满；不能做的不要强迫他做，以免引起干部的不安。如此一来，干部能做的时候，不致觉得老板太有能力，弄得自己无事可做；干部不能做的时候，也不致认为老板和自己一样没有能力。

这好比下中国象棋，有的人用车很厉害，有的人用马、炮很厉害，有的人专会用卒。但是，从来没有人说他的老将最厉害。车、马、炮、卒都可能厉害，也随时可能被吃掉。老将最不厉害，却总是挨到最后。这些厉害的车、马、炮、卒，都为最不厉害的老将而牺牲，到底谁厉害？当然是老将最厉害。

老将深藏不露，反而支持车、马、炮、卒去发挥各自的才能，这是有效的领导。如果老将喜欢自己表现，处处要显出自己最厉害，那么，车、马、炮、卒便站在那里听命令，这样会弄得老将疲惫不堪。

老板不应该有个人英雄主义，否则只会吃力不讨好。中国人很喜欢《西游记》《水浒传》和《三国演义》，这三本书给了我们很好的提示。《西游记》中以孙悟空最具英雄性，却不让他当首领。唐三藏经常被妖魔鬼怪抓去，要煮要杀，一点不具英雄性，却让他带队去取经。《水浒传》中有一百零八条英雄好汉，个个武艺高强，而其领袖宋江竟然像一个没有用的人。《三国演义》中的刘备，从不表现英雄性；曹操手下猛将如云，谋臣如雨，但他几乎把每件功劳都归功于手下的人；孙权更是如此，毫不显露英雄性。

老板一心一意求表现，干部就会把表现的机会让给他，自己则不热心工作。老板懂得深藏不露的艺术，把表现的机会尽量让给干部，大家才能做得很起劲，才显得群策群力，而不是老板在表演独角戏。

很多老板并不想多管闲事，但是怕干部能力不足，因而替干部出头。其实，干部在老板面前总是"慢半拍"，并不是真的能力不行，而是看见老板在场，心里存着几分敬重，或者几分敬畏，于是在做决定或处理事务的时候，难免有所顾虑，不敢直截了当地表现自己的作为。如果某一位干部，在处理事务的时候当机立断，丝毫不顾虑老板的立场，这说明老板在干部心目中的分量已经贬低到极点；而老板不在场时，干部的英明果断老板又看不到，所以老板常常误以为干部能力不足。

就因为一般的干部慢半拍，老板才忍不住要自己做，造成恶性循环。干部每次看到老板总是自作主张，定会以为老板独断专行，索性把事情都推给老板，自己乐得清闲。而干部越不出头，老板越以为干部能力不行。

要改变这种恶性循环，老板就要想办法弄清楚，干部究竟是能力不足，还是心有顾虑。能够忍受干部老是慢半拍或者干部似乎表现得比自己更有能力，才是老板的真功夫。

给干部留面子

凡是中国人心甘情愿做的事情，他们都不会计较其中的艰辛和困难，反而会视其为某种挑战，进而充满无穷的动力。

中国人普遍不喜欢被管，老板一发号施令，干部就会很反感，若强迫干部执行，只会得到阳奉阴违的后果。

为了避免引起干部的反感，老板在日常工作中，要充分地给干部留面子，面子给足了，干部的情绪稳定下来，这时候老板再交代事情，就好办得多。

有时候干部犯点小错误，老板要睁一只眼闭一只眼，要牢记"水至清则无鱼，人至察则无徒"的道理。干部有错，尽量要让他自我检讨。如果你指出他的错误，他就会找一万个理由来推卸责任。如果你把干部叫来后，他能自我检讨，你就成功了；如果他一脸轻松，毫不在意，你就失去领导的意义了。

案 例

某天，老板看到干部甲和干部乙都迟到了，但是他什么也没说，装作没看见。过了一会儿，干部甲来到老板的办公室，向老板说明迟到的原因，老板很客气地接待了，干部甲保证以后不再迟到，而老板表示情有可原。

而过了很长时间，干部乙也没过来说明情况，于是老板让人把干部乙找来，但他并没有直接问干部乙为什么迟到，而是说："有人告诉我，你今天迟到了，有这回事吗？"干部乙这才说明情况。

案例中的老板明明看到有人迟到，却偏偏不理不睬，并不是打马虎眼，不追究也不纠正。没有老板会放任干部做错事，只是干部迟到后，本来情绪就不稳，还被老板看见，情绪波动就会更激烈，如果老板马上加以指责，恐怕干部会恼羞成怒，反而收不到预期的效果。何况对方如果有充足的理由，老板反觉难堪。装作没看见，其实是给干部面子，让他主动过来说明，然后给予合理的处置。既然是一种尊重，就应该表现出相当的宽容，允许迟到的下属先把紧要的事情办妥，再来说明迟到的原因。否则迟到已经不对，再因迟到而耽误紧要的事情，岂不是罪加一等？

而干部乙并没有主动说明情况，老板又不能姑息他的行为，否则就会令其养成一大堆坏习惯，所以只能主动询问。但为了不让干部乙难堪，老板便借他人之口，是为了让干部乙觉得老板站在他这一边，更有面子些。如果直接责问，干部乙心中肯定不服，认为老板太奸诈，明明看见了，当面指责就是，为什么要这样耍手段、玩花样？干部乙如果聪明的话，应该明白老板的好意，而不去追问是谁说的，真的追问也问不出来。

老板多给干部面子，干部也会反过来更加尊重老板，这才是皆大欢喜的途径。老板先给干部面子，干部也给老板面子，才不会有拍马屁之嫌。如果老板不懂得给干部面子，而是喜欢耍威风、摆架子，不但会气坏了自己的身体，更可怕的是会因此招来一批小人。

会控制干部

老板尊重干部，是为了发挥干部的主观能动性，使其自动自发地工作。但是从另一方面讲，老板也要树立权威，不要让干部觉得老板太软弱，否则他们会反过来欺负老板。很多老板都被干部"干"掉了，要不然他们怎么叫"干部"呢？所以，老板在尊重干部的同时，也要学会控制干部。

控制干部要恩威并施。老板要想让干部心存敬畏，必须要保持一定的神秘性，不要完全透明化，一旦透明化，干部就会反过来掌握老板，把老板架空，然后蒙蔽老板，使老板无能为力。要知道，当干部完全了解老板的时候，要想把老板架空就易如反掌。《水浒传》中的晁盖就是一个例子，他原本是山寨之主，等宋江上山后，晁盖的一举一动都在宋江的掌握之中，所以宋江轻而易举地就把晁盖架空了，逼得晁盖不得不亲自带兵攻打曾头市，最后一命呜呼。现实中也有很多这样的例子，很多老板辛苦创立企业，但过于透明化，使得他没有办法掌控公司，最后甚至被干部逼走。

有时候领导跟干部讲话要真真假假，比如，你在深圳，打电话到公司，说你已经到北京了，大概5分钟就可以到公司，然后看干部有怎样的反应；或者，你已经到北京了，然后打电话到公司，说你正在香港往回赶，结果5分钟就到了公司。这种故弄玄虚的做法，使得干部不清楚你的真正意图，所以他们也不敢欺骗你。

老板永远也不知道自己进入公司的前一分钟公司里的人都在干什么，也许前一分钟一个员工正揪着主管的领子要打他，结果看见老板进来了，就改为替主管整理领带。你看到的只是和谐的状态，殊不知，公司里"暗潮汹涌"。在社会中求生存，每个人都应该学会装装样子，不要太真实。尤其是有些中国人，表面上和和气气，私底下斗得你死我活。其结果是，说真话死得很快，说假话死得很惨。所以只能走第三条路，说出来的话不真不假，让别人搞不清楚，达到这种程度才有可能当老板。

干部始终不明白老板在想什么，就不敢生异心。但是让干部怕自己并不是目的，还要让干部甘心为自己工作，所以要尽量让一部分干部成为自己的"心腹"。老板和干部要在工作中互相了解、彼此沟通，在共识中培养情谊，而且要经得起考验，这样才能培养出靠得住的"心腹"。

培养"心腹"不是为了老板个人的权势，而是为了公司整体的发展。"心腹"是老板良好的工作伙伴，老板可以放心地把任务委托给他。老板既要赏识他们的工作能力，又要相信他们的品德修养，将他们视同自己的家人。有些话不便对别人说的，可以对他们说。有些事不敢交代给别人做的，可以让他们去做。

"水能载舟，亦能覆舟"，老板一方面要信任"心腹"，一方面不可以纵容"心腹"，既要发挥他们的优点，又要避免弊病的滋生。遗憾的是，"心腹"人物起初兢兢业业、谨言慎行，慢慢就会狐假虎威，甚至欺下瞒上，搞得企业里乌烟瘴气。历史上的奸臣大多都是从忠臣变过来的，如果一个人的额头上刻着"奸臣"两个字，他就没有变成奸臣的机会了。事实往往是他一开始很忠诚，后来由于皇帝对他过于信任，他就慢慢地变成了奸臣。"心腹"弄权，大家敢怒不敢言，原本好好的局面，常被搅得一塌糊涂。倘若"心腹"不被纵容，也不致"拿着鸡毛当令箭"，胡作非为。为了避免"心腹"造反，老板要合理地对待"心腹"，才能趋吉避凶。凡是抱着"同乡""同宗""同门""同学""同好""以前的老同事"等强调"同"字的条件，来物色心腹知己的，结果多半为"同"所害，不可不为戒。最好的办法，是抛弃"同"字。反正在一起就是"有缘"，而一切感情要以真诚来培养。只要同心协力，其他条件并不重要。

干部可以把同事当作朋友看待，因为同事可能是暂时的，朋友才可能长久。把同事看成朋友，彼此不但不会斤斤计较，而且也比较可能持久互助合作。但是老板最好别把干部当朋友看待。

老板要对公司所有人负责，他几乎没有办法和公司里任何一个成员做朋友，因为他应该和所有的成员做朋友。老板要爱所有的人，所以没有办法特别地爱任何人。

公司犹如大家庭，老板好像家长。家长有家长的责任，如果抱着和子女做朋友的想法，就无法行使教育的责任。老板若是与干部做朋友，一旦干部做出违反公司规定的事，就会因友谊而不好开口指责，这样既容易伤了情面又容易破坏制度。

老板不是不能和干部做朋友，而是说应当"在朋友之外"，仍然保持老板的威严，也就是要保留最后裁决的权势。

老板若是失掉权势，干部就可能利用这种权势来创造自己的利益，造成老板被蒙蔽，甚至面临被打倒的危险。古时候，皇帝要是大权旁落，大臣就会造反。所谓"君君、臣臣"，就是说君臣有别，老板应该像老板的样子，扮演好自己的角色。

在开始创业的阶段，老板和下属大都是亦主亦友的关系。随着企业逐渐壮大，公司的各种制度会逐渐健全，老板势必要调整自己的作风，把公司内部三个阶层的距离拉开。古时候率兵打天下的皇帝，如刘邦等，一开始都是与手下的将士称兄道弟的，一旦他登上皇位，就会树立皇帝的威严，更有甚者，还会将以前和自己打天下的功臣一一除掉。

老板先树立威严，使大家心目中有老板的存在，再来表现亲和力，做大家的朋友。《论语》有云："君子和而不同。"老板与"心腹"要"和"，却未必皆"同"。凡事由"情"出发，拿"真心"来对待"心腹"，他们就会排除邪念，产生与老板合一的意识，因而能自我约束，不做逾越本分的事情。"心腹"受到感动，自然会以"公天下"自重，不好意思弄权，也不好意思见利忘义。

不要鼓励对立

中国人喜欢合，不喜欢分。所谓"合则留，不合则去"，便是中国人最好的"制衡"方式。

制衡可能有两种心态，一是"站在合的立场"，希望"大家好"，另一种则是"站在分的立场"，希望"你死我活"，只知为反对而反对，根本就是"对立"的性质。

人们往往因相同的志趣、共同的利益而结成各个小团体，这就是我们常说的派系。在公司中有派系是正常的，老板应该对公司中的派系睁一只眼闭一只眼，做到心中有派系，嘴上没派系。嘴上说出来，就等于将派系划分出来，那派系间的隔阂会越来越大。三个人分成两派是正常的，老板的职责之一就是整合派系，以求团结协作。

但"天下大势，分久必合，合久必分"，老板与干部长期不闹翻也很难，必须把握"可以彼此制衡，却不许对立"的原则，绝不鼓励对立。有些老板，喜欢干部之间互相制衡，用一派去牵制另一派，以求势力均衡，自己好控制。但是这样做等于玩火，稍有不慎，就会引火烧身。历史上的齐简公就是前车之鉴，他手下的两位宰相田常和监止相互仇视，但他并没有想办法化解二人的矛盾，最后田常不但杀死监止，还杀了齐简公自己。

老板有责任确保干部"站在合的立场"来彼此竞争，以"和为贵"的思想来统领下属，不应该为排除对方而鼓励对立。大家可以有意见，却不应该闹意见，派系纷争必然造成混乱，对于老板有害无利。老板有效控制派系，才是管理的正道。

众所周知，三角形是最稳固的，所以楚汉相争不如三国鼎立，中国人不适合两个派系势均力敌，比较适合多派系互相牵制。前者很容易陷入对立，造成你死我活的僵局；后者则只是吵来吵去，谁也不会把谁怎么样，对老板主持大局反而较为有利。

老板如果发觉干部逐渐形成对立的局面，应该警觉地及早培养第三方势力，使对立的情况发生一些变化，至少不会那么紧张，影响到工作的正常进行。第三方势力可以作为合理的中介，即通常所说的"和事佬"。两派僵持不下时，让中介人士从中斡旋，往往可以顺利达成协议。

老板对员工要关怀照顾

老板与员工，就像园丁与花一样。园丁种花，应该"不禁其性，不塞其源"，而不是拔苗助长。"不禁其性"，即不限制花的本性，看看所种的花喜阴还是喜阳、喜干还是喜湿，并将其种植在相应的地方。园丁如果不顺着花的本性，花就不能顺利成长。"不塞其源"，便是不堵塞水的源头。有些花需要较多的水分，就要勤浇水、勤施肥，使其获得充分的养料和水分。

事实上花是自己在生长的，但是如果没有园丁的关怀与照料，就不能顺利地开花。老板也应该和园丁一样，不能够牵着员工的手去工作，不能够拖着员工的脚去行动，而应顺着员工的本性，让其在合适的环境下自然发展。老板应该做以下几件事：

善待员工

老板应该充当员工的家长和良师的角色，有责任对员工严加管教。所有的员工都是把他们一生中最宝贵的时间献给你，如果你没有好好教育他们，就是不负责任、误人子弟。中国人讲人性管理，讲中国式管理，绝不是说马马虎虎地管理，大家混日子，敷衍了事。只有严管还不行，还要勤教，不教而管，就是虐待。《三字经》里有句话："子不教，父之过；教不严，师之惰。"这句话用在企业里再合适不过。

老板必须认清企业的成败在"人"，任何经营，都离不开人才的贡献。对待人才，老板必须心怀感激。要放弃高高在上的心理，放弃指挥监督的权力，内心充满对员工的感谢之意。要知道，没有他们，自己就会累得半死；没有他们，自己根本不像老板。老板对员工，还应该以感谢的心情来欣赏他们的品格和业绩，而不是用自己的喜好嫌恶来无情地批评他们，或者盛气凌人地摆出老板的架子。

老板和员工必须同心协力，产生协同一致的力量，企业才能发展。经营企业是为了让员工活下去，而且活得很体面，这是老板的责任，千万不可抱着"施恩"的心理。老板如果挟恩求报，员工就会产生反感："如果不是我们替你赚钱，凭你一个人，怎么能赚到这么多钱？"

老板肩负着维持员工生计的大任，但并不表示老板对员工有生杀予夺的大权。员工工作不力，老板首先应归咎于自己疏于教导，并要有医生治病救人的胸怀。老板千万不要随便惩罚员工，惩罚应针对屡犯者，而不应针对初犯者。初犯就受到重罚，那就没有人敢做事了，因为多做多错，不做不错，多一事不如少一事。如果员工一做错事就惩罚他，那就是你在发泄自己的情绪。员工第一次做错，要和蔼地说明他为什么错了，会产生怎样的后果，该如何补救，这就够了。如果员工第二次犯同样的错，就不要轻易放过他，但是也不能太严厉，毕竟只是第二次犯错。这时，老板要告诉他，再一再二不再三，如果有第三次的话，后果自负，因为到那时所有人都不会原谅他，而不只是你不原谅他。这样做，就会渐渐形成一种风气——员工都知道有错即改。只有当员工屡教不改的时候，老板才能效仿诸葛亮"挥泪斩马谡"。

在一家企业里，老板人少，而员工有很多，老板要照顾好每位员工，首先要大公无私，认为企业里的每一位员工都有其长处，都有其贡献，都是企业必不可少的一分子。至于谁好谁坏，不应该由老板自己来判断，而应该由干部来判定，然后老板才可能以公正的立场，来评估各个干部是否公正无私。如果老板妄下定论，无论是对是错，别人都不好反驳，只能将错就错，最后损失的还是老板自己。

既然每位员工都是好人，老板就不应该轻言斥责，以免伤害他们的自尊心。老板可以用脸色来表达自己的感觉，老板脸色不好看，员工就会自动调整。不要认为这种作风太过官僚，已经不合时宜，为什么不想一想：有些人脸色再不好看，也不会产生任何作用。可见用脸色的变化来暗示，促使员工自我反省，并且及时做出合理的改变，恐怕也不是任何人都做得到的。用脸色暗示，属于"不明言"的一种，随时随地都可以使用，而且不会惊动不相关的人，保留了员工的面子，岂不是简便、安全而又有效？为了使脸色暗示法奏效，老板平时的脸色要柔和些，笑容可掬、平易近人，才具有亲和力。有事发生时，脸色才变得难看，促使大家警觉地自动调整。如果老板平时脸上总是阴云密布，员工就会习以为常，老板脸色再难看，也会见怪不怪，那就失去脸色暗示的效力了。

重视基层

基层员工任劳任怨、吃苦耐劳，而且并没有野心，也感觉不出他有什么大的前途，却能够埋头苦干、自得其乐，实在是"最可爱的人"。特别是在高科技普及的现代企业里，基层员工等于没有什么技术，两手空空来上班，下班又两手空空地回家；整天坐在那里，按几个按钮，枯燥乏味，最后除了一身职业病，没有任何成就感。如今的工作使得工人没有一点享受工作乐趣的机会，所以，让工人乐在工作，简直是天方夜谭。今天的工人没有乐趣、没有技术，更谈不上发展，所以更需要老板的关怀。

老板要利用中国人爱面子的特点来管理员工，适当地恭维一下员工，多听听员工的声音，给他们说话的机会，员工就会感到老板的重视，也就会以努力工作来回报。

员工是企业发展的基础，他们是不是关心公司、用心工作，成为企业能否永续经营的主要因素。在老板的心目当中，员工究竟占有多大分量、居于什么地位，乃是决定老板事业成功与否的重要因素。

老板觉得员工十分可爱，便会真诚关怀他们。在工作方面，纾解他们的工作压力,改善他们的工作环境,提高他们的工作地位。老板应该为员工提供"家"一般的工作环境,让员工都以公司为家。但是,要注意,这里的"家"不是小家庭,老板与员工也不是父子关系,而是指家族,它是由多个小家庭组成的。小家庭相当于公司里的部门,而公司相当于整个家族,老板相当于族长。传统家族的族长也是很难当的,既要保证每个小家庭的利益,又要兼顾大家族的利益。所以,如果我们把公司只看成小家庭,是没有办法管好公司的。

公司能不能经营得好,就看员工有没有齐心协力,是不是一条心。把员工变成家人,让所有员工都把公司当成第二个家,很多问题就可以迎刃而解。人们常说"上阵还须父子兵",因为天底下只有一家人才是一条心。老板要照顾到员工的家人及其生活,还要考虑到员工退休后的安排。一个好老板,会把人事管理、人事业务延伸到员工的家庭里面去,比如某员工的家人生病住院,老板派人前去慰问,这样做会使员工感到很体面,深感老板的厚待,以后便会更努力工作。就连员工的家人也会心怀感激,全力支持他的工作。老板不要忘了,每个员工的身后都有一个家,所以不要轻易拖延发工资的时间,否则会影响员工一家的生活。不仅如此,奖金也对员工的家人产生很大影响。员工领到奖金后,无论是多是少,都会引起员工家人的强烈反应。

在工作中,老板对员工的要求,不能像对干部的要求那么多,只要求员工按照指示去做就好,因为基层员工的学识经验,都不足以合理地应变。但是所有指示不应该是老板一人的决定,而应该是互相商量的结果。在没有做决策之前,老板应该欢迎员工表达自己的意见,意见对错无所谓,关键是要员工先开口。老板先开口的话,员工多半不喜欢说出相反的意见,只能以老板的意见为主,即使明知老板的意见不可行,也会硬着头皮做下去,结果越做越错。

老板毕竟不是神仙,不在第一线,会有很多细节考虑不到,员工先说话,老板可以斟酌,考虑利弊,也能想一想为什么会有不同的看法,这就在老板和员工之间架起了互相了解、彼此沟通的桥梁。员工先开口,老板才有机会听到新的东西,才能够明白某些人的心声,才有办法掌握当前的动态。对老板而言,员工先说话应该被列为最有利的一种资源。老板最担心的,应该是员工什么都不说,自己好像在迷雾中行走,从而感到十分彷徨。

可惜大多数老板都喜欢先开口，造成员工什么都不敢说，实在是自找麻烦。

知人善任

管理员工就是让每个员工做最适合自己的工作，这样才能提高工作效率。合理分配工作，需要了解员工的能力，即衡量他能够挑起多重的担子。如果他只能挑50斤，你让他挑100斤，就是你的错。当然，任务应该有一定的挑战性，但是要有限度。你让他挑55斤，是在培养他；让他挑100斤，则是在虐待他。当你分配的任务他只能完成60%时，就说明你分配工作有误。老板的主要职责是知人善任，合理分配工作，并确保员工能够完成任务。你分配的工作，员工百分之百地完成，说明你很会用人；你分配的工作，员工只能完成一半，那责任应该由你来负。

知人善任，说起来容易，做起来很难。人本来就是各不相同的，何况中国人习惯于说一套做一套，表里不一。有的人反复无常，完全依自己的利益做取舍，在事不关己的时候，会说一大堆漂亮话，等到发现和自己的利益有所冲突时，马上换另一副面孔；有的人善于伪装，一副忠厚老实的样子，内心却很奸诈；有的人似是而非，表面上看起来十分热心，实际上却很没有信用……单独考察一个人很难，要判断一个人的本质，最好的方式，是从人际关系方面考察他，即看他的周围都是什么样的人。正所谓群众的眼睛是雪亮的，员工之间相处时间长、接触机会多，比老板更能看清彼此的本质。

"善任"除了合理分配工作外，老板也要以不同的态度对待不同的人。一般来说，员工大致可以分为三类："等死"的、"怕死"的、"找死"的。

"等死"的员工天天过着"不迟到，不早退"的"九五"生活，等着发工资，等着退休。他们多半奉公守法，是企业的忠实支撑者。对待他们，要以"关怀"的方式，采取合理的态度。因为大部分的工作实际上都依赖他们来完成。如果没有这些为数较多的"等死"员工，就没有人来执行例行性的事务。所以老板千万不要看轻他们，也不要希望他们做多大的改变。

"怕死"的员工随时保持高度警觉，遇到工作能推即推，因为多做多错；有意见不敢说，有机会不争取。他们"怕死"的原因，在于老板对他们不信任，而且老板愈不相信他们，他们就愈缺乏担当的勇气。对待他们，老板要充分信任，并让他们感觉到这种信任，那么他们就会逐渐放心地工作，慢慢转变为"等死"或"找死"的人。

"找死"的员工企图心旺盛，行动力十分强。无论是带头冲刺，还是鼓动风潮，都表现得一身是胆、干劲十足。"找死"的员工充满活力与创新思维，表现在正面上，会提升公司的创造力；表现在负面上，则容易惹起事端，制造冲突，对公司的发展有害无利。老板有责任把他们引导至正途，让他们自己去发现缺点，并且设法改善。还要防止他们制造纷乱，或者引起无理的抗争，导致无谓的纠纷与混乱，降低公司的整体生产力。

同时，老板也应该发挥"怕死"的精神，重视员工的健康，不要过分劳累大家；鼓励"等死"的作风，使大家遵守规范、重视纪律，以维持公司的伦理。至于天生具有"找死"倾向的员工，要个别加以辅导，使其步入正轨。

善用激励

激励像一把刀，用得好可以增强领导的效果，用得不好能够降低领导的功效，打击士气。

西方激励有能力的人，中国则激励有本事的人，就是有能力又受欢迎的人。老板应以"有本事就来拿，拿不到只能怪自己，不要怨别人"为激励标准，努力做到公正而不一定公平。

当老板发现员工表现不佳的时候，不要把责任统统推给员工，更不能动用各种威胁、恐吓、施压等措施。影响员工表现的相关因素很多，包括员工本人的价值观和人生观。但是，一般说来，缺乏适当的激励占有最大的比重。缺乏激励不仅导致士气低落，更能造成员工流动率过大、人情冷漠、厌烦工作、生产力降低、工作不专心、到处制造浪费等不良后果。

"不激励不行"似乎是一种趋势，因为大家公认激励是一种有效的驱策力，可以激发员工努力工作，尽量好好地表现。很多时候员工本来想好好表现一番，但是想起老板的态度，心中涌起一阵寒意，也就不能够振奋精神了。

大家都意识到了激励的重要性，但有些老板不懂激励的艺术而采用了无效的方式。有些人认为刺激、鼓舞或开一些空头支票便等于激励，有些人以为诚恳或坦诚就是激励，于是把这些与激励有关的东西当作激励本身来看待，结果当然收不到激励的效果。更有些人用施加压力来激励，时间一久，也就失去了效用。老板不了解激励的真谛，不能够深入探讨激励的本质，就不能激励员工好好地表现。

事实上，实施激励并不简单。因为实施激励难免有一些奖惩规定。中国人相当机灵，看见规定马上动脑筋，全力做到符合规定，弄些真真假假的业绩，使得考核的人头昏脑胀，很不容易分辨清楚，以致每次公布结果，大家都觉得不公平。这样一来，大家的愤愤不平就把激励的效果抵消了，有时候甚至还引发一些反效果。要想做好激励，老板一定要确定激励的原则，对应该激励的人，才给予激励；对不应该激励的人，则不必给予激励。同样，应该激励的时候，才能实施激励；不应该激励的时候，不能激励。激励不可过分，以免"惯坏"了员工，无以为继；或者"膨胀"了员工，造成长期疲惫。激励应该合理，目的在于有效调整员工的行为。但如果站在激励的立场上，凡事都要激励，相当于讨好员工，这样也不行。老板不能讨好员工，更不能把他们惯坏了，否则他们时时等待激励、事事期待激励，价值观变得扭曲，等于害了他们。站在不激励的立场上，才能做到"不可不激励，不可乱激励"。

第一，只求公正，"不讲公平"。

激励的用意，原本是为了改善组织的气氛，使成员互相了解，保持稳定的工作步伐，彼此协调，在合作中创造良好的绩效。然而，有了激励，大家忍不住要明争暗斗，导致员工互相猜忌，甚至怨声载道，伺机破坏生产的计划，反而得不偿失。"争第一、不落伍"原本是中国人从小培养的志气。如今有奖有惩，大家更是"输人不输阵"，奋力向前。中国人有时候很奇怪。你给美国人两千元奖金，他会很高兴，而中国人的第一反应是问别人有没有。美国人从来不管别人有没有，自己有就行了。中国人却不这样，别人也有的话，他就会很生气。因此，激励的气氛愈浓厚，明争暗斗的较劲愈剧烈。大家愈重视结果，不公平的感觉就愈明显。中国人的习性，像水一样，得到好处的时候，好像水流在平地一般，默默无声。一旦受委屈、受到不平的待遇，马上像水流在乱石滩上一样，不平则鸣，发出很大的声音。这种习性最终导致所有激励的作用都淹没在不平的浪潮下，变得有气无力。激励的用意虽好，产生反效果，就事与愿违了。只要不能够达到原先所预期的激励目标，不管用意有多好，也不能算是良好的激励。

最好的办法便是根本改变公平的观念。老板最好坦诚说明"只能够公正，却很难保证公平"，因为老板自己若强调公平，员工就会用不公平来批评他。得到奖赏的人不感激，因为他是依法获得的合理报酬，并没有什么特别的待遇，为什么要心存感谢？未得奖赏的人不服气，因而发出不平之鸣，严重地打击士气，破坏团队的和谐。这完全是老板认为自己讲求公平所招致的恶果。

任何激励措施，不可能不分等级一律给予同样的奖赏，因为通通有奖固然皆大欢喜，却也丧失了激励的预期效果。西方人你有、我有、他也有，就认为很公平；中国人认为，只要大家都有就是不公平。可一旦分等级给予不同的奖赏，更会引起大家不平的感觉，于是造谣生事，弄得人心不愉快、情绪不稳定，产生很大的反效果。

第二，以恰当的方式激励。

激励效果良好，老板也不至于浪费激励成本，造成赔了夫人又折兵的伤痛；员工也会士气振奋，再创佳绩。激励方式若是不好，就会两败俱伤，老板气愤不堪，员工也愤愤不平，所造成的伤害，实在远大于所花费的金钱数目。

激励很容易造成得到的人不感激的结果。因为很多激励都是根据老板的意愿施行的，特别是一些物质奖励，员工根本不需要，这就不是激励，而是"鸡肋"，食之无味，弃之可惜。比如，某员工表现极佳，公司奖励他出国旅游，这本是人们梦寐以求的好事，可是最近他的家人生病了，他根本走不开，所以他既没心情也没时间接受这个奖励。这种情况下，出国旅游不如带薪休假更适合。激励要根据员工的需要，提供不同的途径，才能让员工各取所需。

为求适应不同的需要，激励可以采取自助式，让不同的被激励者选择各人的需要；而老板也要了解不同的对象，施以不同的激励。因此，激励前必须通过适当沟通，互通心声，才能够判断被激励者具有什么需求。如果有适当的中介人选，不妨通过中介与被激励者沟通，然后依据他的需要，给予合理的激励。但必须慎重选择中介人士，宁缺毋滥。若是找不到适当的人选，宁可自己去尝试，也不要假手他人。否则，很可能阴错阳差，反而引起不满。沟通时最好顾虑第三者的心情，不要无意触怒其他的人。比如一个工作小组有三个人，若是对其中一个大加赞赏，可能会引起另两个人的不满，引出一些不必要的后遗症，减弱了激励的效果。

第三，不可采用运动方式。

激励应该是一种行动，不适宜形成某种运动。因为运动固然可以掀起一阵热潮，风风光光，使大家都知道有这么一回事，但是热潮过后，便是日趋冷却，终至无人过问。这样的激励，充其量只能够激励掀起热潮的激励者，而对被激励者而言，迟早会变成一种负担，因此十分不妥。

有时候，老板好不容易拿一些钱出来激励，希望弄得热热闹闹，让大家全都知道。这种大张旗鼓的方式，常常造成激励的反效果。不论是老板希望显示实力，或者心求速成，这种运动迟早会流于形式，不能持久有效。这种形式，徒然形成无谓的"激励秀"，而不能引起大家的真心重视。而且，被激励者难免有扮演猴子让人耍的感觉。看耍猴的观众，有高兴凑热闹的，就有不高兴如此造作的。一部分人被激励了，另一部分人则倍感失落。对整个企业而言，得失参半。

第四，不可显得偷偷摸摸。

激励固然不可大张旗鼓，惹得不相关的人反感，也不可以偷偷摸摸。中国人一向讲究光明正大，偷偷摸摸的奖励，会使被奖励者有做贼心虚的感觉，本来是自己应得的，虽然自己想低调些，以免引起别人的嫉妒，可是老板偷偷摸摸，弄得自己仿佛偷鸡摸狗一般。

况且世上没有不透风的墙，偷偷摸摸的奖励让第三者觉得你们鬼鬼祟祟，心里会想，有什么大不了的事，需要如此神秘？因而怀疑是否有见不得人的勾当，结果流言四起，有何好处？

暗盘的激励，我们并不反对，但是弄得神秘兮兮，只有反效果，不可不慎重。暗盘的意思，并不是让大家都不知道，它的真正用意是让大家都知道，只是出于尊重大家，所以才不公开出来。但是看不见的刺激和反应，实际上很难收到激励的效果。

外国人有贡献就有贡献，没有贡献就没有贡献，是一刀切的。中国人却会说："我没有功劳，但是有苦劳，如果你不认可我的功劳，也不承认我的苦劳，那我就觉得很疲劳。"暗盘的做法是，把激励分成明暗两种，明的根据苦劳奖励，暗的根据功劳奖励。比如，明的是每个人都发300元奖金，这样员工回到家里也好交代，维护了他的自尊心。但是暗地里发给比较优秀的员工3000元的奖金，没拿到的人知道后，就会暗下决心，争取明年拿到，这是非常好的激励。明的照顾员工的面子，暗的却刺激员工努力工作。等到第二年上次没拿到的人拿到高额奖励后，就可以在家人面前扬眉吐气了。

第五，要考虑时间因素。

时间不同，激励的方式也有差异。有的老板喜欢在节日奖励优秀员工，这样做，优秀员工可以在喜庆的日子里得到惊喜，喜上加喜。但是，这种做法等于在本应人人都喜庆的节日里宣布除了这些优秀员工以外，其他人都不是优秀员工。

按理说节日里应该让所有员工都能够愉快地过节，不应该用优秀员工这一类莫名其妙的奖励来造成少数人高兴而大多数人不愉快的不良气氛。就算真的要奖励，也应该举办优秀老板的选拔，鼓励他们爱护员工、尊重员工，让那些没有得奖的老板，能够有所改善。

●●● 第二节 干部如何处理人际关系

我们通常把干部称为"中坚干部"，现在有些人喜欢盲目求新求变，把"中坚干部"改为"中间干部"，以致原有用意尽失，徒然显得不明事理。"中间"只能表明所处的位置，"中坚"才能够凸显出独特的性质与艰辛的处境。"中坚"若是不用心、不小心，必然承受不了上下夹攻的压力，所以非"坚"不可。

中坚干部所处的环境，是"上压、下顶、左攻、右挤"，实在十分艰苦，因此必须坚忍不拔，才能合理地应对，进一步开创佳境。在这种复杂而艰苦的环境中，干部要想同时搞好与老板、平级同事、下属员工的关系，就应该做到以下几点：

不要不三不四

每个中国人都知道，"不三不四"是一句骂人的话。中坚干部地位特殊，可谓"上有老，下有小"，他们夹在中间，经常被弄得不三不四、处境尴尬，所以称之为"坚"。

何谓不三不四？举个例子：有一天，老板看见某员工违反公司规定，但是不动声色，若无其事地走开了。然后打电话给干部，问他："是不是有人违反规定？你去查一下。"干部下去调查，果然发现是某员工违反规定，他找到那位员工，坦白告诉他，自己原本不知道他违反规定，是老板亲眼看见，并且打电话要求彻查严办，不得已才把他揪出来的。意思是说，我只是奉命办事，不得已而为之，要怪，就怪老板好了。这种"出卖老板"的行为，就是不三不四的做法。

干部正确的做法应该是，诚恳地向员工说明，老板看见他违反规定，但是认为他一定有苦衷，所以要自己来了解一下。这样既能让员工自动认错，又能执行老板的旨意，维护了双方的利益。

不三不四的做法既容易得罪老板，又容易得罪员工。这样的案例很多，最常见的，有以下三类：

1. 出卖老板，讨好下属。在公司里，干部要与老板配合，由老板做好人，干部做坏人。如果凡事都让老板做坏人，公司就完了。老板实施天道，以"情"为重，处处讲人情、充好人，不到最后关头，总是一副是非不明的样子。老板要做好人，必须让干部替他把关，扮演坏人的角色。干部应该以"理"为重，把老板的"情"调节到合理的地步，否则老板要是"滥情"，后果不堪设想。可是很多中坚干部，却不接受这样的安排，心里好笑："你聪明，处处当好人，要我来做坏人？我也不笨，把真相抖出来，基层员工就会明白，原来你才是大坏人！"于是，硬要暗地里揭穿老板的真面目，来讨好下属。

殊不知，好人难当。老板需要有一套当好人的本领，使干部能够长期地充当坏人而不觉得痛苦，也不致遭受误解，甚至受到恶意的打击。坏人好做，因为"破坏终归比较容易，事后的建设才是困难重重"，干部依法执行，老板好意善后，这才是最佳搭档。

老板当坏人又会如何呢？看到员工违反规定，便亲自给予苛责或处置，是一种严重的"上侵下职"的不当行为。老板与干部各有分工，各自干好分内的事，才好配合。老板事必躬亲，侵犯干部的职责，更让干部没有面子，干部必然不满，要么什么事都不做，要么专门和老板作对。

老板亲自处置违反规定的员工，合理的话，大家无话可说；要是老板不明就里而冤枉了员工，也没有人敢据理力争，以致员工遭受不公平的处置而申诉无门，这也会使其他人寒心。本来是情有可原的事，却遭受如此对待，旁人难免感叹老板的无情，甚至心生去意。如果让干部当坏人，去处理违反规定的员工，老板还可以比较客观地评估，降低员工受冤屈的比例，对于赏罚的公正性，颇有助益。

另外，老板亲自处置，万一员工脾气暴躁，当场大骂老板，甚至出手殴打老板，那老板的面子往哪放？老板挨打，老实说大家都会笑在心里，暗想："当老板当到被员工修理，可见做人很差！"在中国社会，越居上位者越害怕挨打，因为众人很少会同情他。如果交给干部去处置，万一干部挨打，老板可以出面调停，或者叫其他人员去处理，自己却可以数落挨打的干部："处置这么一点小事情，居然弄到挨打，可见你平日太不关心员工，也太不了解员工。"这样老板岂非立于不败之地？再说，老板直接处置，员工心里觉得不满，就可能在外四处传播，破坏公司声誉，使公司蒙受损害。如果让干部去处理，员工觉得老板完全出于好意，就算员工对干部不满，由于对这么好的老板有所顾忌，也会不好意思在公司外面骂公司，因而消减了许多不必要的困扰。

所以，老板只能骂干部，不能骂员工。直接骂员工对老板是很不利的。就算员工不会当场破口大骂，而是忍气吞声，但等他忍无可忍的时候，很可能做出极其不理智的事。西方人会当面反驳你，中国人则常常背后修理你。

老板充当好人，却把难题留给干部，干部不用猜老板的本意究竟如何，只要自己合理应对即可。有困难时，可以向老板报告，共同商量应对措施。无论如何，干部出卖老板终究问心有愧，而且也愧对职守！

干部随时可以出卖老板，但是受害的多半是自己。干部对老板应该合理顺从，而不是盲目服从或存心叛逆。中坚干部对老板，既不能够顶撞、抗拒，也不可以一味顺从、唯唯诺诺。出卖老板，并不能讨好下属。就算达到某种程度的效果，老板迟早也会觉察，其所衍生的后遗症，非常严重。

有时候，干部当坏人，不仅针对员工，甚至可以针对企业以外的人。

比如，当客户讨价还价的时候，老板不要出面，而是让干部说"丑话"："老板，我知道你跟他有很深的渊源，你们的交情很好，你一定会给他最低的价钱。但是，我们昨天研究到凌晨5点，这个报价我们真的无法接受。"老板有难的时候，干部要挺身而出，然后老板再出面："没有关系，我们是好兄弟，就算亏本我也要卖给他。"这样做，可以用"情"来套牢客户。这时候干部应该合理坚持，丝毫不能让步。老板如果向客户假意表态，说遇到这样死硬派的干部真是没有办法，甚至抱怨"有时候搞不清楚究竟谁是老板，居然样样要听干部的话"，干部也要心中有数。偏偏有些干部，觉得既然老板如此交代，不如顺从他的意思，因而降低价格，造成老板心中十分不愉快。可见干部处事"不三不四"，后果大多对自己不利。

2. 讨好老板，压制下属。处处讨好老板，用牺牲员工的利益来满足老板的需求，同样是不三不四的行为。

老板的决策正确，干部应该服从，并领导员工全力以赴。万一老板的决策并不正确，干部就应该据理力争，做出合理的坚持。适当地维护员工，重视基层员工的权益，乃是干部的"人"道表现。

自古以来，讨好老板的干部，便是员工心目中的"马屁精"，为众人所不齿。服从并不是讨好，不合理的服从才是讨好。干部是老板和员工之间的桥梁，想讨好老板而压制员工，很容易激起民愤。

老板有所决定，干部马上提出很多理由来加以抗拒，并相当坚持，非按照自己的意思改不可。这种作风，老板多半受不了。久而久之，彼此形同水火，逐渐对立。老板有所决定，干部立即承诺遵照实施，员工有困难，干部也不说明，不让老板了解真实的情况，也不让员工有商量的余地。这种行为，将造成老板越来越不了解员工的困境，决策越来越严苛，结果不但会害惨员工，也会逼死干部自己。

合理的方式是，老板有所决定，干部有把握的，立即表示服从；有困难的，口头答应"好，好"，之后赶快把真实的情况再核查一番，尽速向上反映，使老板知难而退，让其自行调整决策，彼此皆大欢喜。

3. 欺上瞒下，粉饰太平。干部若是存心欺上瞒下，实在不知道能混多久。

老板过分相信干部，造成干部欺上瞒下，这是老板的过失。古时候的昏君其实大多都是奸臣造成的，奸臣欺上压下，蒙蔽皇帝，而皇帝又识人不明，偏听偏信，造成奸臣一手遮天，自己也成了受万人唾骂的昏君。为了避免这种情况重演,老板不必公开表明干部的优劣,但是通过明访暗查,防止干部欺上瞒下,仍属必要。

干部要想摆脱"不三不四"的苦恼,唯有确实做到"不越权、不失责"。越权就是"不当决而决","争抢"了老板的最后裁决权;而失责则是"当负责而未负责",应该做好的事情,竟然没有办妥。越权,老板不放心;失责,老板不安心。无论越权或失责,都足以导致老板心惊胆战、坐卧不安。拿捏"不越权、不失责"相当不容易,一旦有把握,又会不知不觉产生"功高震主"的气氛。刚开始老板能够忍受,觉得彼此有如兄弟,如此这般又何妨?一段时间以后,老板就会假以颜色,暗示干部最好收敛一些。干部看不出来,就会被老板除掉,落得个凄惨结局。

不三不四,正是中坚干部需要警惕与避免的困境。时时避免不三不四,以此为戒,自然能够注意调整,在合理的运作中获得平衡。

建立主伴关系

干部要想与自己的老板搞好关系,就要以"不越权,不失责"为原则。"不越权、不失责"说起来容易,做起来很难。因为中国人自古以来,便是"老板有权无责,干部有责无权"。越权可能带来"功高震主"的悲惨结局,失责也可能产生"不堪胜任"的恶劣评价,二者都是中坚干部的致命伤,必须同样重视,力求两方面都能够顾及。

所谓"伴君如伴虎",干部很容易就会冒犯老板。要想得到老板的信任,又能使自己活得自在,干部最好与老板建立"主伴关系",即老板做主,干部陪伴老板。

以前,老板和干部之间是主从关系,老板完全做主,干部绝对服从,这样做,老板会很专制,各方面有不同的意见也不方便沟通,几乎是老板"一言堂"。而且,上下级的界线划分得过于清楚,大家受等级观念的限制很难"一条心"。但是,为了适应民主时代,老板与干部应该建立主伴关系,只是"主"的定义应该有所改变:工作的时候,老板理应是"主";工作以外的时间,就不一定以老板为"主"。在不同的场合,遇到不同性质的情况,"主"与"伴"应该适当调整。

主与伴应该怎么配合呢？

第一，从有形的方面看，老板应该负全责，但从无形的方面追究起来，干部才应该负全责。在实际工作中，是干部帮助老板做决策的，表面上要让老板来做最后的决定。干部应该自动提供正确信息，帮助老板做正确的决策。老板的决策不正确，干部听也不是，不听也不是，只会更加为难。所以，为了有效执行老板的命令，干部不能静待老板的决策，而应采取未雨绸缪的防患态度，预先自动积极地提供现状、相关变数以及可能的变化，使老板充分明了现状，从而做出正确的决策。决策正确，而且切合实际情况，干部就可以全力投入，贯彻施行，这是利己利人的做法。

但是，干部的建议，老板未必会采纳。有时候老板会怀疑干部别有居心，从而故意做出相反的决定。但无论如何，干部必须勇敢地踏出第一步，以务实的态度，确实了解现场的状况，与有关人员商量，取得他们的谅解与支持，然后获得相当的共识，再带着"腹案"，向老板提建议。这样做就既不失责，也不越权。

第二，老板应该是通才型的，否则他就会带有很强的倾向性，很容易偏激。这就要求干部是能兼顾各方面的"专"，干部应该是由各种专家组成的团体，否则几个人都偏到某一方面去，而忽视了其他方面，也等于为自己设置了一个陷阱。如果做主的人和做从的人都是"专家"，那么这个团队也是不周全的，就像一个不完整的人，很难健康发展。

第三，干部要站在"不从"的立场来"从"，不能站在"从"的立场来"从"。如果干部存心要顺从，存心要听老板的话，甚至揣摩他的想法，那就糟糕了，这样做只会把老板害死。一个好的干部要站在"不从"的立场，才能合理地"从"；站在"从"的立场就是完全盲目地服从，这是不负责任的做法。当然，"不从"有一个重要的前提——适可而止，这是很难做到的。意思是说，做到差不多，就不能再坚持了，干部还是要给老板留有面子，尊重他的立场，最起码在其他人面前，维护他的形象，这是非常重要的。

有些干部总以为老板喜欢听话的下属，所以凡是老板做的决定，都照样执行，哪怕这个决定是错的，也不提出异议。从老板的角度说，他最不放心凡事都说"好"的干部，特别是那些话还没有讲完，就已经答"好"的人，所谓轻诺寡信，就是如此。老板自知不是神仙，当然有决策失误的情况，这时候干部仍然说"好"，就会令自己陷入万劫不复的境地。老板所喜欢的听话的干部具有三个条件：第一，有意见私下里与老板协商，不会当众令老板难堪。第二，没有意见也要再仔细想想，怎么才能够做得更好。第三，嘴上说好，心里头却能够提醒自己，要用心做好，把成果做出来，否则就要把困难提出来，再和老板商量。

当然，老板也不喜欢凡事都有意见的干部，这样会令老板很没面子。老板最欣赏也最放心的干部，是那些"应该听话的时候听话"而"不应该听话的时候不听话"的干部，即老板对的决定干部当然会听，老板有顾虑不周或者不切实际的地方，则不会完全服从，以免造成恶果。

因此，干部必须自己衡量，对老板的命令应该服从到什么地步。服从不服从的标准，应该以把事情做好为基准，而不是以讨好老板为基础。把听话和不听话合起来想，站在不听话的立场来听话，才不致盲目服从。但是服从与否，是自己内心的事情，用不着表现出来，以免引起老板的不满，反而对自己不利。

站在不听话的立场来听话，具体的行为表现有以下三种方式：

第一，仔细聆听老板的指示，边听边思考，最好能够在听话完毕，便马上判断是否合理。

第二，如果老板的指示合理，当然要听话，有问题则可以马上提出来。

第三，万一老板的指示不合理，当然不要听话。不过，最好不要马上表明自己的观点，当场提出异议会让老板没有面子，应该表现出一直在思考的样子，不搭腔、保持沉默。

干部有相反的意见，并不马上表现出来，是对老板的一种尊重。沉默不语可以传达这样的信息："我有不同的意见，不知道你要不要我讲出来？如果不要我讲，我便不讲。"

如果老板说"就这么办吧"，干部即使有意见，此时也不应该说出来。如果老板问："你有什么意见？"此时干部便不用客气，尽可把不同的意见表达出来，但须注意口气婉转。至于老板采不采纳，是他的事。当老板不采纳的时候，千万不要当面顶撞，也不可以心灰意冷地放弃自己的意见，而应该和顺委婉地合理坚持自己的看法。老板常常喜欢用不接受干部的建议，来试探干部到底有几分把握。他一反对，你就放弃，证明你对自己的建议根本没有把握；再反对也没有用，说明你很难商量，不容易配合。老板反对到合理的地步，干部也应坚持到合理的地步。

合理，即有几分把握就做几分坚持。干部绝对不能盲目坚持自己的意见，这种刚愎自用的心态，不但令人无法容忍，也会害死自己。因为结果一旦证明你的坚持是错误的，你势必成为众人嘲弄和苛责的对象。合理坚持自己的意见，是"不失责"；坚持到合理的地步就不再坚持，就是"不越权"。

如果老板始终不听你的建议，就要自己反省一下，是你的意见并无实质的助益，还是你表达的态度或方式有所偏差？有时候，老板认为你的心里没有他，就会拒绝你的一切建议。

身为下属，要让老板知道你的心意，但是千万不要跑到老板面前说："报告老板，我的心中有你。"这样绝对会适得其反。中国人的人际关系很微妙，有很多事情是不能说的，说了只会得到相反的效果。你若想有光明的前途，要得到老板的赏识，只能让他感觉到你心中有他，心意要靠"心"的交流，只能意会，不能言传。

要让老板放心

老板与干部的关系，就像棒球运动中投手跟捕手的关系一样。投球的时候，表面上看，是投手在做主，他想投哪里就投哪里，其实做主的是捕手。每次投手投球前，捕手都会用手势告诉投手投哪里，否则捕手怎么能接得到。投手和捕手之间要有高度的默契，老板和干部之间也应如此。

与老板建立共识

培养默契，首先要建立共识，就是说干部要和老板统一战线。只有干部和老板心往一处想，劲往一处使，企业才能顺利发展，老板也会放心将权力下放给干部。否则，各有各的心思，各有各的盘算，怎么可能精诚团结？如果董事长的决定，总经理不完全接受；总经理的决定，各部门经理有不同的解读，整个企业就会混乱不堪。

中国人建立共识要靠第三者，第三者不能是老板也不能是干部。是老板的话，则老板太霸道了；是干部的话，那老板会觉得很委屈。当老板太相信一个干部的时候，干部会被宠坏，最后会蒙蔽老板，甚至抢夺老板的地位。老板也不可以不相信干部，否则会无人可用。

所以，第三者只能是死人。这就是中国人做事跟外国人不一样的地方。比方说，老板有意见的时候，他会说："如果胡雪岩（第三者）来处理这件事情，他会这么办。"干部说："不，不，如果是胡雪岩，他绝不会这样做。"每一个人都说胡雪岩，而自己没有意见，既安全地表达了自己的想法，不至于"先说先死"，又维护了对方的面子，大家和和气气地交流，这是最佳的方式。

不忘等级的观念

在现代社会，虽说人人平等，但是等级观念必不可少，等级分明是中国组织中的鲜明特征。西方人只讲权利与义务，没有等级观念，不管对方是谁，该说的话都可以说。在西方的企业里，彼此可以称呼名字，没有上下级的区别。中国人则不同，讲话要先看对象：对上面是一种说法，对下面是另一种说法，对平级的同事，用第三种说法。这就是中国人重视等级观念的表现。如果两个中国人在谈话，看见老板来了，就要马上调整，对老板视而不见，老板心里肯定不舒服；但是，一看见老板来了，突然闭口不谈，老板也会想"这两个人在说我的坏话"，也不妥。这就是中国人比较奇怪的地方，只要有第三者介入，两个人的互动关系就要调整。

等级观念其实是伦理的一种反映，伦理就允许合理的不平等。中国人之间形成的是人伦关系，在交往的时候，时时刻刻受等级观念的影响。西方人听到一件事情，会就这件事情来论断是非；听到一句话，会就这句话来判断对错。中国人听到一句话，则往往根据说话的人下判断。以前说皇帝说的话都是金口玉言，因为皇帝的地位是至高无上的，哪怕他说错了，也不容许别人质疑。

现代企业的老板也是如此，老板虽然没有皇帝那样霸道，但是也希望干部与员工以他为重。因此，当你的老板叫你做什么事情的时候，他会关注你有没有在做。如果你打算先将手边的事情做完了再做老板交代的事，那老板肯定不高兴，因为老板的看法是，不是我叫你做的都是不重要的事情，我叫你做的才是重要的。

维护老板的权威

老板要管理整个企业，必须树立自己的权威，能做到不怒自威最好，让下属尊敬自己的同时，还有一点惧怕自己。如果下属毫不害怕老板，说明他心里根本没有老板的存在。

一般来讲，员工都很怕老板，但不怕干部。而干部呢，因为资历深、贡献大，和老板走得最近，经常忽略这一点，擅自与老板称兄道弟，或处处以老板的朋友自居，无形中就会冒犯老板的权威。

老板要维护自己的权威，最不喜欢干部对他有负面的评价。因此，当老板问你对他的看法时，你最好说些好听的话来应付。即使老板坚持让你实话实说，你也不要上当，不要对老板的缺点直言不讳，否则无异于自掘坟墓。

干部在老板面前应该谨言慎行，因为一说错话就损失惨重，职位越高越输不起。所以，多听少说就是干部基本的保身之道。干部不能放过忠言直谏的机会，但是一定要看准时机，要等老板心情好的时候，否则自身难保。曹操在长江边横槊赋诗，他的下属刘馥指出诗中有不吉之言，结果被曹操一槊刺死，这就是多嘴多舌的下场。

西方人非常单纯，对就对，错就错，什么话都可以在老板面前讲；中国人却说"对有什么用"，在老板面前，你越"对"，他越生气，因为他只认为自己是对的。干部可以在别人面前"对"，但不能在老板面前"对"，否则老板会感到没有面子。

凡是经常挨骂的干部，其实要自己检讨一下。老板的话永远是对的，你反对就是顶撞，盲从就是奴才。那应该怎么办？凡是老板说的，你就点头，过一段时间再来找老板说："现在有问题，怎么办？"一个聪明的干部从来不去改变自己的老板，而是让老板自己改。他自己改了，会感谢你；你强迫他改，他会干掉你。

对老板敬而远之

作为干部，一定要好好想想自己的处世之道，《三国演义》中有几个人物，可以给干部一点启示：一个是马谡，一个是魏延，一个是杨修。如果一个干部，总经理很欣赏你，但是董事长很讨厌你，你就是马谡；如果董事长很欣赏你，总经理讨厌你，你就是魏延。这两个人死得都很惨，一个是被诸葛亮挥泪斩之，一个是在诸葛亮死后被杀。而杨修是自己不安分，屡犯老板的大忌，结果被老板找个理由杀了。

中国人常说："有缘千里来相会。"上下级之间相处得如何，也要讲个"缘"字，马谡与诸葛亮就很投缘，所以受到诸葛亮的重视，而魏延就和诸葛亮不投缘，所以诸葛亮第一次见他就想杀他。

缘分的事勉强不来，但是干部一定要懂得明哲保身之道，才不至于以身犯险。既然不能与老板投缘，干部就要对老板敬而远之，保持适当的距离，距离才能产生美。首先，老板的家务事不要介入。这一点要学学诸葛亮，他虽然深得刘备的信任，可以说刘备对他言听计从，但他从不介入刘备的家务事。刘备曾问诸葛亮立嗣之事，诸葛亮笑而不答，让刘备去问关羽。干部如果介入领导的家务事，就会惹领导不高兴，其他的人也会愤愤不平。

其次，尊重老板的喜好。比如说老板喜欢的颜色、口味等，这些东西完全是主观的，千万不要乱加评价，甚至反驳。尤其是他引以为豪的东西，哪怕他说自己打麻将很厉害，你也不要当着他的面，说打麻将纯属浪费时间之类的话。

和老板保持一定的距离就不容易遭到老板的猜疑。一般来说，职位越高越容易受老板的猜疑。老板有这种心态很正常，人心隔肚皮，谁也不敢保证自己亲信的人不会心怀不轨，这也是老板的自保之道。上对下，要慎防"祸在所爱"，以免被亲信害死；下对上，要慎防"触犯逆鳞"，以免被老板整死。这样相互提防确实很累，但每个人也都是不得已而为之。

为了自保，老板在选干部的时候，比自己强的不要，比自己弱的也不要。干部最好是老板在时很弱，老板不在时很强，这样才能保护自己。

很多人好不容易才当上干部，稍不留神，抢了老板的风头，就被老板赶走了。员工被开除，找到相当的职位很容易，但干部却很难，特别是高层主管辞职后只有回家，很难找到同样的职位，就因为输不起，因此，职位越高就越应该小心。

了解老板的心理

中国人有些是心口不一的，嘴上说一套，心里想的是另一套，所以不要把中国人说的话太当真。比如，中国人送客的时候，嘴上说"再多坐一会儿"，心里却想着"快走吧，不要烦我"。因此，当老板说"没意见"的时候，干部千万别当真，老板的意思是，"我有意见，只不过我尊重你，不方便公开指出,你真的要听,我们可以私底下交流"。

如果不问清老板的意见,出了问题,就会唯你是问。当然,你也绝不能逼着老板公开说出意见,你让老板坦白交代,你的下场就是死得很快。因为老板有自己的立场,不公开反驳干部,是为了给干部留一点面子,是为了表达自己对干部的信任,而不是他真的没意见。聪明的干部要明白老板的心意,私下里去征求老板的意见。老板是企业的首脑,大事小情都是他做决策的,他怎么可能没意见?

刘备当初让诸葛亮离开荆州帮他攻打西川之时,并没有指明让谁接替他守卫荆州,只是让诸葛亮量才委用。但他派关羽之子关平送信,诸葛亮就明白刘备的意思了:"主公书中,把荆州托在吾身上,教我自量才委用。虽然如此,今教关平赍书前来,其意欲云长公当此重任。"

有的干部不太了解老板的心理,比如老板提出一个问题,为了表现自己的博学多才,就给老板解答得很详细,最后他肯定是会让老板讨厌的。当老板问你问题的时候,有两种情况:一种是他不懂,想问你到底是怎么回事,但这种情况发生的概率较低;另一种是他很了解这个问题,只是想炫耀一下自己,结果你把答案都说了,抢了老板的风头,那你不成了他的眼中钉才怪呢。

但是,凡事适可而止,干部要了解老板也应适可而止,过分了解老板,就会引起老板不满,杨修就是一个很好的例子。杨修是个聪明人,曹操的一举一动都逃不过他的眼睛,同时他也是个笨人,因为他处处表示自己知道曹操在想什么。

争取自己的地位

干部牢记等级观念是对的,但是也要记住人人平等。干部是陪伴老板的,不是老板的奴隶。如果一个干部什么事都要听老板的命令,自己没有主见,那不如不当干部,反而无官一身轻。但很多干部都没有意识到这一点,认为完全服从老板就是最好的表现。历史上,有很多人完全听命于老板,最后老板把他出卖了,他连一点自保的能力都没有,这是最冤枉的。很多干部在权力方面一味地退让,甚至说完全不要裁决权,最终导致老板越来越干预干部分内的事情。在老板看来,如果干部想要行使自己的权利,反而会尊重他的意见;如果干部毫无主见,事事都要听命于老板,那很多事情老板就可以替他决定了，他完全是个奴才，老板又何必要他？

干部也许会这样认为：自己应该配合老板，反正最后由老板决定，自己何必提出反对意见？其实并非如此。干部一定要掌握部分的裁决权，才可能做好自己分内的事。权力是你自己奋斗得来的，而不是争来的。干部绝对不要争权，你抗议老板干预你的工作，就是争权，争权是没有好下场的。你要通过优异的表现，让老板放心，让他自然而然地尊重你，你就可以争取到相应的裁决权。

事实上，干部凡事都听老板的，只会让老板怀疑你要么虚伪，要么不负责任。适当地表达你的意见，而且适可而止，绝对不超越你的老板，这就是干部的生存之道。

有的老板没有意识到主伴的重要性，把干部当作自己的私有物品，经常让干部做一些分外的事。干部应该合理地向老板传达这样一个信息：你要用我可以，但不能太过分，否则我就辞职不干了。

人都有保护自己的权利，干部如果不主动保护自己，会使得有些老板得寸进尺，到最后干部越来越受苦。

要让员工舒心

干部，对老板而言，是下属；对员工而言，则是上司。干部应该使下属员工成为自己强有力的支持者，做自己的坚实后盾，这就要求干部要处理好与员工的关系。

做善良的坏人

在管理员工的时候，老板往往充当好人的角色，而让干部充当坏人，这样既有"红脸"又有"白脸"，才能双管齐下、恩威并施。不过干部要记住，自己当坏人，只是为了配合老板的好人角色，是相对的坏，而不能是绝对的坏，狐假虎威的话只会让员工不满，达不到管理的目的。尤其是基层干部更应该掌握分寸，一般来说，高层干部要"凶"一些，基层干部要"柔"一些，因为基层干部与员工接触的时间比较长，太凶了，就会让员工反感。如果员工受了委屈，基层干部要会安慰员工，让员工感到自己和他们是同一条战线的。因此，干部要认清自己的职责，当坏人不是目的，而是一种手段，只是为了管理甚至惩戒，而不是为了压迫员工。

中国人一向是"理由专家"，任何事都能找到理由，因为中国的史料非常丰富，随便一想就能想出很多先例可循。遇到困难的时候，员工不会花精力和时间寻找解决困难的途径，而是千方百计地找理由推卸责任。但是，不能由老板来拒绝员工的理由，任何事情由老板说出来其实对员工是没什么效用的，而由干部出面比较有效。所以中国的老板多半不直截了当地宣布什么，而通过干部的口来传达。当员工找理由的时候，老板不要表态，要由干部说："我们是不听理由的，你不要用理由来烦老板。"然后老板说："没关系，让他讲。"如果一个企业没有几个敢承担责任、敢做坏人的干部，很难顺利运转。

干部当坏人，并不是说干部时时都要当坏人，因为干部自己也要做人，整天黑着脸孔的话，谁还愿意与你共事？干部是老板的传声筒，老板的很多意见要通过干部传达，也就是说，老板把很多自己不好开口的"丑话"都推给干部，而干部如果不提高自己的沟通与协调能力，就没有办法去管理员工，因为你一天到晚下命令，迟早会引起大家的反感，甚至有人会说你"拿着鸡毛当令箭"。沟通就是好好商量，中国人不重视谁听谁的，而重视起码的尊重，就是说，我说的话你可以不接受，但你一定要给我相当的尊重，你尊重我但不接受我的意见，我也会很高兴。

协调能力是指你要整合你的下属，使大家相处融洽，这是很不容易的。因为你帮助这边，另一边就会反感；帮助那边，这边就会记恨你。所以，你要同时摆平两边的人。但是真正能摆平的人不多，最后只好妥协，妥协并不是好办法。如果两个人起冲突，最好的办法是，把两个人叫过来，让他们当着你的面争论，但是你不能说话，如果你说话，他们就会怀疑你偏袒对方，其结果是他们都会怨恨你。但是如果你一直不说话，就会给他们一种无形的压力，在这种压力之下，他们就会自动地各退一步，最后慢慢找到一条解决之道，皆大欢喜。

总的来说，干部只能坏在表面上，不能坏在本质上，因为没有人愿意跟一个真正的坏人共事。

获得下属支持

一般情况下，下属对自己的顶头上司多半是支持的，因为中国人"不怕官、只怕管"，若跟顶头上司处不好，即使本事再大也没有施展的机会。倘若在这种优势之下，干部还得不到下属的支持，一定要自我反省。如果干部让下属感觉到你只是单纯地利用他们，而一点都不关心他们，更有甚者，让他们认为，你牺牲他们来成就你，不但加重了他们的工作，还要把功劳抢走，那么，下属们是绝对不会支持你的，而且会处处与你作对。

干部往往是一个部门的领导，事务繁杂，有些干部为了追求利润、效率，竟然过度劳累，以致死亡。这样以身相殉的惨剧，当然不为老板所乐见。想尽办法把自己累死，大家肯定不愿意。可是很多人不知不觉地掉入这种管理陷阱，被害死了还不明白真正的原因。

一个干部在老板面前拼命表现，又在自己的下属面前表现，那就等于蜡烛两头烧，很快就会心力交瘁。一个好的干部，要做到自己在老板面前全力表现，回到部门后，下属全力为你服务。这表示，你能够跟下属打成一片，下属知道你到老板那里不是去拍马屁，而是去表现。干部往往是一个部门的代表，干部表现得好，说明这个部门表现得好，干部的成绩来自部门的业绩。同样，干部受到赏识，说明干部所率领的团队整体表现良好。如果你在老板面前努力表现，回来后凡事亲力亲为，久而久之，会对身体造成很大伤害。

老板给你的压力越大，你就越需要下属的支持，就越需要有一两位得力的助手。对待他们要推心置腹，凡事都和他们商量，让下属感觉到他们和你是平等的，这样他们才会真心对待你。

很多时候，老板遇到问题，会丢给干部去研究，一方面是因为重视干部，相信干部有能力；另一方面则考验干部如何应对，会不会站在老板的立场，也替老板想一想。碰到这种情况，干部必须广征基层员工的意见，以免闭门造车，惹老板不高兴，基层员工也不谅解。同时，干部征求员工的意见，也是在培养他们思考的习惯，并表示相当的尊重。老板最讨厌干部不培养人才，他会认为干部嫉贤妒能，想霸占这个位子，想害公司不能发展……有的干部为了自身的利益，怕长江后浪推前浪。其实不然，新人顶替了你的位子，你还可以高升，不要小看自己。

员工愈主动积极，干部愈省力；干部愈自动奋发，老板愈省事。容许员工表现，自己才有时间、有精力在老板面前表现；获得底下人的支撑，站在上面的人，才有大展宏图的可能。

干部的主要任务,在沟通上下之情,而不是转达上下之间的意见。否则,只会使自己沦为通信工具。沟通上下之情的关键,在于讲得让老板和员工都听得进去,并乐于接受。这样一来,老板的赏识与员工的信任集于一身,干部才能游刃有余。

干部所处的位置是上压下顶,日子很不好过。中国的员工一般都怕老板,但是不怕干部。员工和干部讲话多半都不客气,但是碰到老板,都会规规矩矩、客客气气。员工有不满,通常会发泄到干部身上,干部却没办法把员工的不满反映给老板。

比如,员工对加班多、加班费低怨声载道,不客气地对干部说,"如果再不增加加班费的话,就拒绝加班"。如果干部把此类的话原封不动转告给老板,老板通常是不信的,他会偷偷地找员工调查,而员工对老板都是毕恭毕敬的,矢口否认说过此话,那干部就会百口莫辩,里外不是人。老板以为是干部在搬弄是非,而员工认为干部打"小报告"。但是不反映也不行,万一真的有一天员工都不来加班,老板还是会批评干部。

聪明的干部应该这样向上反映:走到老板面前,欲言又止,引起老板的好奇,最后在老板的逼迫下,才说:"我们公司的加班费标准我认为已经不低了,偏偏有人就是认为加班费太少,岂有此理。"这样,老板才会意识到这个问题。而且干部站在老板的立场说话,老板会对干部很放心,而干部也帮员工解决了问题。

善待基层员工

基层员工好不好,要看干部如何,尤其是基层的干部,对员工负有不可推卸的责任。对普通的基层员工来说,基层主管是与他们距离最近、接触最多的管理人员,基层主管的表现如何,直接影响到普通员工对企业的看法。

基层主管并不仅仅是一个部门的管理者,实际上也是整个部门的协调者。一般来讲,基层干部应该是全力支持公司政策的人,是基层员工的榜样。基层干部应该按照公司的规定,争分夺秒地工作,而且要以身作则,让其所带领的员工看到自己是如何配合公司的政策的。不要恃手下有几个"兵",就认为自己有资格跟老板讨价还价。

基层的员工一般以年轻人居多,基层干部和他们打交道时,不要老是以旧观念对他们评头论足,也不要动不动就说"以前我们怎么样,以前我们吃了多少苦"等，年轻员工对这些话根本就不以为然，他们会认为这些都是废话，没有任何意义。

基层干部不能通过强迫的手段来改变员工，而应该通过教育、劝导、说服等途径让员工认识到不足，使他们自己产生想要改变的愿望，并且付诸行动。人都会受感情的影响，基层主管在管理员工的时候，也应当根据员工的个性采取相应的措施，以关怀为导向，巧妙地让员工乐意接受指令。

基层干部如果能得到员工的信任，在沟通的时候就会大大增强说服力，并且在执行命令时也会顺利得多。

很多时候，鼓励比责骂更能激励员工，善用鼓励会让员工觉得基层干部亲切和善，尤其是在员工取得进步时，及时的鼓励能让员工产生更进一步的动力。

基层干部如果能对员工坦诚相待，员工受到感动就会产生知恩图报的想法，帮助基层干部及时了解基层的基本情况，支持基层干部的各项工作。而基层干部应该善于听取员工的意见，鼓励员工多提意见，不能独断专行。听取员工的意见，一方面是表示对员工的尊重，给员工参与管理的权利；另一方面也是集思广益，广大的基层员工对工作有最切实的体会，所以他们的意见具有重要的参考价值。

基层管理是一项艰苦的工作，因为基层人多、意见多、困难多，相应的各种抱怨也多，基层干部在礼待员工的基础上，关键时刻也必须采取一些强硬措施，也就是先礼后兵、由情到理。对于企业中的"硬骨头""害群之马"，基层干部应当抓住适当的时机，对其进行严惩，杀一儆百，在员工中树立威信。如果一直都是老好人，有的员工就会肆无忌惮、恣意妄为。一位优秀的基层干部应该刚柔相济，平时对员工关怀备至，在原则问题上立场坚定，在关键时刻则敢作敢当。员工对这样的干部会既尊敬又畏惧，就会"乖乖地听话"。

对员工做得不对的地方，如果是技术方面的问题，则要清清楚楚地让他知道，不要有顾虑，也不要含糊。假如是人际方面的问题，最好私下调解，以免伤了他们的面子。

跟基层员工讲话要很小心，绝对不能说他们没有责任感，没有能力，而是说："你有很强的责任感，只是你对这部分了解得不够，所以我现在找一个人，把这部分向你解释清楚，这是我们的疏忽，没有照顾好你……"这么说的话，谁都不会反感了。

干部一定要记住，员工做得不好是你的责任，不是员工的责任，是你没有好好教导员工，员工才出错。

要让平级安心

中国人平级之间最不好相处，因为谁都不服谁，何况还有利益之争。所以干部处于左右攻挤的境地，也是理所当然。加上现代社会鼓吹竞争，认为有竞争才有进步，所以平级的干部之间要想避免彼此攻挤很难。干部在抱怨别人排挤自己的时候，也应该反过来想想，自己是不是也有意无意地攻挤同事呢？如果自己都免不了如此，又哪里怨得了别人？

中国人讲究彼此彼此，在这种条件下，要想得到左右平行部门的支援，必须以"平等互惠"为前提。若是自己处处想占便宜，时时要求别人支援，却从来不支援别人，恐怕左右攻挤的局面，不但会长期持续下去，而且会越来越严重。

干部要想获得平行部门的支援，事实上要比赢得上司的赏识与下级的谅解更难。因为上下级之间，干部彼此多少有一些顾忌，不敢做得太过分。而平行部门，因为大家一般大，谁也不怕谁，往往明争暗斗，互相制衡。

为了使中坚干部彼此能够互相支持，分工协作，老板最好发挥其领导作用，以发挥整体的组织力量。老板的领导是否合理，才是下属能不能合作的原因。老板鼓励竞争，干部之间就会貌合神离，甚至笑里藏刀；老板提倡互助，干部彼此才会不好意思不互相帮忙，因为至少也要做给老板看。老板提倡以"在和谐中提升业绩"为理念，大家才可能相安、互容，至少不敢将斗争表面化。

有人批评中国人善于做假，台面上客客气气，台面下死命较劲。其实，用台面上的气氛来感化台面下的恶斗，刚开始就算是做假，假久了就会成真，有什么不好？

老板的一些管理方法可以直接影响干部之间的气氛，例如，老板在考核中坚干部的时候，公开考核结果，本想以此来激励干部上进，但实际效果却是等于逼干部撕破脸，反正已经没有面子了，还有什么好顾虑的？当老板当到天天和干部对质、讲理，恐怕有理也讲不清。不公开排名，大家照样心里有数，但是可以顾全干部的面子。落后的人会自己设法补救，于是左右之间，自然会自己调整，以求获得同仁的支持，来使自己不再落后。

所以说，干部能不能抛弃本位主义，尽量互相支持，完全看老板的领导作风。老板不能领导干部分工合作，就不必指责他们各走各的，只知分工而不知合作。

为了更好地合作，干部之间最好不要有攀比之心。其实大家的表现如何，每个干部心里都清楚，只是不说出来，这样大家都有面子。先进的也不用趾高气扬，后进的也会努力改善。

老板也要鼓励大家互相帮助：对于全力支持其他部门的干部，老板要辅导他把自己的分内工作做好；对于全力做好分内工作的干部，老板应该指导他主动支持其他的部门。总之，兼顾自己和他人，才是优秀的中坚干部。

干部应该摒弃"各人自扫门前雪，莫管他人瓦上霜"的不良思想，然而在自己和他人之间，仍以"做好自己分内工作"为优先。任何人在没有把本职工作做好以前，分担老板的工作，或者支持别人的事务，都不免令人怀疑他是在"拍马屁"或"讨好他人"。相反的，把自己分内工作做好后，如果不能为老板和其他同事分忧解劳，恐怕也会被视为自私自利的小人。

干部之间还需要谦和。功劳是让出来的，而责任则是抢出来的。一让，大家都有功劳；一争，责任就十分清楚。能让的人，才有功劳而不为人所忌。若是干部都能用心做出功劳，并且不居功，在和谐中求进步，平级之间才会相处融洽。

正所谓旁观者清，站在旁观者的角度往往更能看清楚其他部门存在的问题。发现了其他部门的不足，应该尽快提醒，以帮助其改进。但是，在进行反馈交流的时候也必须注意时机和技巧，以免弄巧成拙，引起部门之间的矛盾。在部门之间进行交流时要注意以下几个原则：

第一，不能当着老板的面指出对方的缺点。

每个部门都存在不足之处，部门主管可能没有意识到，也可能意识到却暂时无法解决，所以彼此之间私下提醒一下即可，附以改善意见更好。如果你当着老板的面指出对方的缺点，就会伤了对方的面子，他还会认为你这是在故意打压他，因此他不但不会领情，还可能恼羞成怒，拒绝承认错误，甚至撕破脸反过来指出你部门的缺点。这样的话，老板只能各打五十大板。

第二，在提建议时要有诚意。

没有诚意的意见，只会让人感觉你在奚落他。只有你先表现出诚意，才能让对方感觉到你是真心实意地为他着想，他才会消除内心的戒备和抗拒，接受你的建议。

第三，掌握一定的沟通技巧。

相同的意思用不同的方式表达出来，取得的效果可能完全不一样，因此运用一些沟通技巧，才能取得圆满的结果。比如你可以站在对方的立场，处处替他说话，这样他什么都可以接受；你若跟他对立，他就会拒绝你，而且只要有一句话说得让对方听不进去，其他的话你讲得再对也没有用。

●●● 第三节　员工如何处理人际关系

绝大多数人都有当基层员工的经历，基层员工是一个组织里面最庞大的群体，也是一个组织强有力的基石。

一个人无论从事什么样的工作，无论地位如何，最重要的是要受到别人的欢迎，也就是说，要讨人喜欢。讨人喜欢有很多方式，比如好的修养、谈吐都可以为你加分。绝不能使用一些故意讨好的方式，否则就成了"烂好人"，没有是非，生怕得罪人，这都是不对的。

做人一定要有原则，就像我们穿黑色的西服配白色的衬衣一样，黑白分明。一个人没有原则，就会像墙头草一样，摇摆不定，被人瞧不起。但是一个人过于黑白分明，很容易得罪人，因为黑与白很难分得清清楚楚，更多的是灰色地带。所以，做人在坚持原则的基础上还要行事圆通，既坚持自己的原则，又不得罪别人，当然这很难做到。

成为受欢迎的员工

老板奉行的是天道,他要对所有员工负责,照顾好所有员工,所以老板一般不会和某个员工建立良好的人际关系,否则无法做到博爱,也无法实现公正。同理,员工也不必刻意做什么事去讨老板的喜欢,否则就有"拍马屁"之嫌。

好员工一般会积极主动地争取工作,关心企业的发展,常常提出自己的建议,看到不妥当的地方,也会直接说出来。虽然有时他们的意见不被采纳,也不气馁,依然会积极参与、主动发言,表现出良好的工作态度。他们还会配合公司的要求,不断地学习,不断地充实自己,对每次工作都能够检讨得失、总结经验,并且把宝贵的经验变成具体的建议。他们不但善于自己总结经验,还乐于与同事分享经验,追求团队成员共同成长。好员工总会尽心尽力地做好本职工作,能替上司分忧解劳,是公司坚实持久的依靠。他们一心一意为公司着想,把同事看成自己的家人,全心投入、无怨无悔。

努力增加归属感

要想成为好员工,首先要将公司的目标当成自己的目标,增加归属感。相对来说,中国的员工对企业的归属感比较淡薄,很少会有人把公司的目标当作自己的目标。这也可能是因为中国地域广大,所以我们天生没有归属感。在中国,员工中比较常见的一种状态是依附感,即临时投靠一下,如果形势发生变化,员工随时准备走人。这种状态其实对企业、对员工本人都是不利的。基层员工应该培养起对公司的归属感,因为公司就像一条船,员工必须和公司同舟共济,共同进退。

每个员工都应该选择合适的公司作为自己的发展平台,不能抱着"先随便找家公司试试看,不行再跳槽"的想法。一旦你选择了一家公司,你就和公司的利益联系到了一起:公司获利高,你才能得到更多的回报;如果公司破产,你也会失业。既然我们选择了某家公司,就要抱着以公司为家的决心,绝对不可以"在其位,却不谋其政",浪费自己的生命,也拖垮公司的前程。如果你始终认为公司是公司、你是你,那你就没什么前途了。

做好自己的本分

基层员工最要紧的是"实实在在",一切按照工作规范进行。遇到事情先衡量一下自己的能力,能做好就当仁不让,做不好就应该及时说出来,大家商量解决,千万不可碍于自己的面子,延误自己的时机。做好自己的本分才有发展的可能,基层员工必须要有实干精神,还要有成效,而不是卖死命、出死力。因此基层员工要想办法学一套技巧,把你要做的事情做好,这才叫用心。只有用心才能把事情做好,不然就会像一些假和尚,手里敲着木鱼,嘴里在念经,心却不知道跑到哪里去了。这样的和尚只能说他努力了,但是他却没有用心,所以才会有"做一天和尚撞一天钟"的俗语。专心致志、全力以赴很难,在日常生活中,90%的人都没有做到全力以赴,只是在尽力而为。基层员工只有战胜这一挑战,才能真正成为优秀的、有前途的员工。

遵守公司的规定

身为基层员工,对于公司的制度,不免只有含含糊糊的了解,不见得样样明白为什么要这样做。当然,能够用心去了解公司为什么这样做的道理,固然很好;不可能了解或者了解得不够透彻的时候,便只好含含糊糊。如果要求样样弄清楚再判断其是否合理,恐怕不太可能。

基层人员最怕话太多,处处想强出头。安静一些,先听清楚公司怎么说比较好。理论上公司应该把员工的疑问解释清楚,但实际上有些事情永远说不清楚,甚至有些事情,不说还好,愈说愈不清楚。基层可以弄清楚的,最好弄清楚。实在弄不清楚的,也不可以因此而马马虎虎。应该确信公司之所以这样做,必然有它的道理,虽然这种基础是含含糊糊的,但必须清清楚楚地照着公司的规定去切实执行。

基层员工安静一些,并不是要逆来顺受,有意见当然可以反映。但只有熟悉了环境之后,你提出的意见才有可能被接受;初来乍到就提出意见,别人不但不会接受,还会对你的品性产生质疑。提意见应采取合理的方式和态度,所谓"有理走遍天下",理直便可以气壮,但绝对不能壮到动武、动粗的地步。对公司的一个决定,每个人都有自己的看法,有人同意,有人不同意。同意也好,不同意也好,都应该适当表达自己的意见。你可以保留自己的意见,但却不能勉强他人一定赞同你的意见,更不能因为别人和自己的意见不同就对别人心怀怨恨，伺机报复，否则就可能引起同事间的纠纷。

而一旦引起纠纷就很难平息，中国人喜欢说时过境迁，过去就过去了，何必再提。不过我们也常说"前事不忘，后事之师"，让我们记取教训，以免重蹈覆辙。要中国人忘掉别人的旧事很容易，忘掉自己的往事则相当困难。即使表面上纠纷逐渐平息，然而心里头依然有隔阂，影响和谐的气氛。

要有感谢的心情

老板只能做到公正而不能完全公平，基层人员感到不公平的时候，最好不要斤斤计较。学会大度，学会感谢，才能过得快乐。比如，上司交代你做分外的工作，不可愤愤不平，要想着多做多学习对自己有利，应该感谢上司给你表现的机会，这样你才快乐。一天到晚抱着"给多少钱做多少事"的小气念头，哪里会有光明的前途？

基层员工遇到不顺心的时候，要学会自我激励。依赖他人的激励，等于心甘情愿地接受他人的摆布。自己激励自己，才拥有最大的自由和自主。常常给自己一些掌声，一些激励，实在是一件很容易完成的事情。对任何激励，我们都要以快乐的心情来接受，而不是耿耿于怀，认为自己十分委屈，并未获得公平的奖赏。

只要心存感谢，所有不愉快的感觉，自然烟消云散。再小的激励，也会带来快乐。能不能心存感谢，当然由自己决定。明白自作自受的道理，比较能够自主地心存感谢。心存感谢是自作，心情愉快是自受。想通这一点，自然不愿意和自己过不去，更加容易心存感谢。遇到任何事，都不必计较公平与否，对自己来说，实在是最愉快的反应。

感谢的心情，要靠自己培养。最好每天早晨起床，先不忙于想别的，而是谢天谢地。谢什么？感谢上天的恩典，又给自己崭新的一天，昨天晚上居然没有死掉，难道不值得感谢？事实上，这样一来，心情的喜悦，情绪的愉快，都会随之产生。

既然抱怨无济于事，不能够解决任何问题，不如心存感谢，凡事往好处想，自己愉快些，别人也会以同样的心情来待我，符合人助己助的原则，对大家都有好处。停止抱怨，不致产生怨气，也不会招来怨气。心存感谢，可以产生喜气，同样也能引来喜气。

学会如何应对上司

在每个企业里，老板都不会直接管理员工，所有的指令都是通过干部来传达。所以，员工很少有机会直接同老板打交道，更多的是同干部接触。而员工的表现如何，多半也是通过干部反映到老板那里的。因此，每个员工都应该与自己的顶头上司搞好关系。同上司搞好关系并不是说员工要溜须拍马、曲意逢迎，这是不正当的，每个员工都应该成为上司的得力助手，对上司正当的指示，全心全意地执行。

当然，每个员工也要警惕，上司也有可能发出不正当的指令。干部是老板的传声筒，他有没有擅自变更或者故意曲解，仍待基层员工的细心求证。

任何事情总有弄不清楚的时候。中国人的判断标准，是看"谁说的"。同样一句话，甲说的大家会相信，乙说的大家可能心存疑惑。因为甲平日说话十分可靠，所以他说的话可以判断为"是"；乙经常乱开玩笑，说话缺乏真凭实据，他所说的当然被断定为"非"。

同理，干部甲平日十分照顾我，对我真诚地关怀，对于他所说的，我会全力支持他，尽力按照他的指示去办理；干部乙经常打官腔、摆架子，很少真心关怀我，对于他所说的，我未必加以理会，也不一定按照他的话去做，就算做，亦不可能尽全力。

基层员工不能盲目听从上司，也不能不相信上司，配合正直而关怀自己的上司，可能是比较妥当的方式。合理化管理，不应该要求员工绝对服从，而是站在不顺的立场来顺。对于不合理的指令，员工不可以当面顶撞，也不要盲目地顺从，而应该用"不理会、不热心"来回应。

对于中国人而言，对方是否真诚，我们心里有数。人不可能对他人全然不予相信，也不应该盲目轻信他人，所以凭着对方是否真诚待我，来明辨是否可信，乃是一条合乎人性的途径。不是看某一次真诚与否，而是看他历来的表现如何。因为信用是一点一滴累积而成的，不可以单凭这一次来判定他的信用度。

若上司真的交办违法的事情，员工最好提高警觉，予以回绝，但是要讲究技巧和时机。马上揭发出来，往往会伤害上司，也会妨害自己的前程。

遇到此类事情，员工首先要提醒自己，只要自己昧着良心，把这一件违法的工作做了，上司以后就可能把所有违法的事情，都集中指派给你。其次，要想想上司交办违法的事，是存心还是无意。我们绝不否认，有存心叫下属违法的上司，但是也深信，有无意中令下属违法的上司。

不管上司存心也好，无意也好，最好的回应办法是不要做，也不要说。做了，不但害自己，而且连累了上司。这种唯命是从的员工，其实是不负责任者。不说是为了避免两种恶果：一是老板原本有意修理你的上司，利用这个机会给他治罪，你说出来就可能被老板利用。二是你的上司若是存心的，事情揭发出来，他完全可以改口说他不清楚法令。发生这种情况，只要上司人际关系良好，他就没有事；而说的人以后的日子将十分难过。

要和同事和平相处

基层员工之间要互相爱护，不要有你我之分。企业内部同事之间如果也有所分化，那就只会导致企业的分裂。所以作为一名基层员工，不要与同事分彼此，部门之间也不必分得太清楚。

多分享

基层员工要信守一个原则，那就是能做的不妨多担待一点，不要过于计较。这样的观念对公司和个人都是有利的，但是先决条件是先把自己的工作做好。当其他部门需要支援或者你的上司派你去支援时，你要很乐意地去支援，因为你现在支援他，下一次他就会支援你。一个人只要有时间、有体力，多做事是不会错的，多做就可以多得到经验，不经一事不长一智，袖手旁观到头来损失最大的还是自己。

同事之间要多分享，独乐乐不如众乐乐，自己快乐而旁边的人并不快乐，终究也会影响自己，弄得自己也不快乐。分享是一种高尚的品德，是很好的修养，是乐趣的源泉。通过分享能够拉近人们之间的距离，推动大家互相帮助，共同进步。一个不知道分享的人，是没有什么乐趣的。

我们都熟悉一个惯例，那就是一个人如果拿到奖金一般都要请客，这个惯例虽然有值得争议之处，却是一个很好的分享的例子。因为一个人取得成功，拿到奖金，必然少不了大家的帮忙。每个人独立完成一件事情几乎是不可能的，多多少少，都获得了别人的支持和协助。所以把奖金的一部分拿出来请大家吃饭，才合乎有难同当、有福同享的道理。有福能够同享的人，才找得到有难同当的同道人。否则大家心中有数，再也不热心支持你，等于断送了自己的前程，对自己十分不利。

分享，可以激励其他同仁；独吞，后果相当可怕，很可能愈来愈孤立无援。不论精神上的或物质上的，最好都能够抱着分享的心情，一方面感谢以往的支持，一方面增强以后的援助力量。精神上的激励，往往比较容易分享。好话多传几遍，大家都听得到，并不需要增加成本。物质上的激励，有形可分，也要拿出来分享，没有理由独吞，否则就等于看不起大家。施比受更有福，把所得到的激励再度施放出去，大家皆大欢喜，对以后的同心协力有很大的助益。

少争斗

同事之间不能钩心斗角，相互设绊脚石。有的人认为只有把别人打垮了，自己才能得到提升，其实这是一个误区。西方人习惯于公开竞争，如果两年没有得到升迁，他就要离开公司。中国人则不会公开竞争，因为先争的先死，"当仁不让"是要以礼让为前提的，让来让去才能够当仁不让。争斗只会让一个组织四分五裂，成员之间相互牵制，最终谁也不能进步。现在不少公司都采用考核的形式，所有员工每隔一段时间进行一次评比，这样做虽然对员工有促进作用，但是也会造成部门之间、员工之间相互争斗，甚至彼此踩踏，结果弊多利少。

大家互相合作，彼此帮忙，发挥团队的力量，才能让业绩好起来，而不应踩着别人来提高自己。各部门也都应互相帮忙、互相提携。很多情况下，排挤别人也未必能给自己带来好处。举个例子，有个同事来晚了，老板正好问起来，你怎么回答？告同事的状？老板也不会喜欢你这样的人，因为你不会照顾你的同事，不明白这一点，他就不是个会当老板的人。维护同事的话，并不是欺骗老板，其实这是一个人的修养问题，老板是很喜欢这样的人的。即便老板听到你说："他刚刚出去一会儿，很快回来，有什么事情要我转告的吗？"老板会暗自想，那个家伙经常迟到，幸亏旁边的人厚道，还替他隐瞒一下，我们还是有团队精神的。而且其他同事对你的印象一定都很好，因为你很厚道，不会落井下石，不会趁机害人。

如果老板喜欢员工之间钩心斗角，那企业迟早是要垮的。大家相处就是有缘，因此要彼此照顾，而不要害来害去，这是基层人员应有的观念。你不知道哪一天自己也会需要别人的帮忙，也不知道将来需要哪个人的帮忙。因此，基层员工要兼爱，对大家一视同仁，既不偏向某人，也不戴着有色眼镜歧视某人。大家都是同事，是企业的一员，没有什么高低贵贱之分，有的只是分工不同。如果见到比自己职务高的人就吹捧，见到比自己职务低的人就贬低，这样的人只会遭到大家的鄙视。

　　相对来说，基层员工的地位、收入等都比老板和干部低，但是这并不代表基层员工就低人一等。事实上，对企业作出最大贡献的还是基层员工。其实，老板也有苦衷，他每天都要考虑企业的整体发展和大小事务；而当中坚干部也有他的难处，一个企业中挨骂最多的就是中坚干部，因为老板很少直接去批评员工，都是批评中坚干部。只有基层员工才能自得其乐，基层员工不要苦恼，也不要抱怨，而是要学会不断地充实自己。基层员工天天去上班，工作的时间占了一天中的大部分，因此要学会"在职场中修行"，也就是要求自己把工作做好，对得起自己的每一天，不要有意无意地做一大堆坏事情。养成好习惯把工作做好，对得起国家、民族，对得起公司，对得起社会，就足够了。

第六章
如何处理外部工作关系

人类自古群聚而居,或好或坏的公共关系便由此产生。良好的人际关系有助于事业的成功,因此人类很早就重视宣传和公关的技巧。可惜的是,公共关系曾一度被曲解为讨好群众、蒙骗大家的手段,现在才逐渐恢复正常,被肯定为建立公众信心和增进公众了解的有关策略与行为。

人类自古群聚而居，或好或坏的公共关系便由此产生。良好的人际关系有助于事业的成功，因此人类很早就重视宣传和公关的技巧。可惜的是，公共关系曾一度被曲解为讨好群众、蒙骗大家的手段，现在才逐渐恢复正常，被肯定为建立公众信心和增进公众了解的有关策略与行为。

我们常说企业形象，其实就是公共关系的具体表现。企业顺利而真实地把正确的形象呈现出来，使社会大众产生信任与好感，离不开公共关系的作用。

●●● 第一节　老板的个人公关

公共关系离不开宣传，如何与媒体合作，是老板十分重视的课题。但是，个人交情固然可以左右一部分新闻报道的正确性，然而这并不是长久之计。要想让媒体记者经常捧场，基本条件是企业自身确实具有实力，当然，老板给公众的印象，更加不容忽视。

注意自身的形象

老板必须认识到自己就是企业的代表，随时谨言慎行，以建立良好的公共关系。公众对企业的了解，多是通过对其老板的了解而形成的。因为企业老板由于工作的需要，抛头露面的机会很多，老板的表现如何会直接影响公众对企业的判断。

老板的职责，一方面在于重视公共关系，聘任合适的公共关系人员，另一方面则需要在品德修养和待人处事上以身作则，用实际的言行举止来建立企业内外的良好关系。

第一，不要随便曝光。

老板不要随便曝光，曝光率太高，无论从哪一个角度来衡量，总是比较不利的。有些事情老板亲自出面，当然是必要的，但是千万不可随便出现在公众面前，必须事先计划周详，经过一番思考，以取得良好的效果。

第二，尽量利用私人书信。

这是公共关系中最好的一种媒介。既属私人性质，又可使收信者产生比对任何其他文件更为深刻的印象。书信最好能够产生鼓舞的作用，除了语气诚恳之外，还应该以肯定语气代替否定语气。

第三，利用适当机会发表演说。

演讲的内容不必完全以宣扬企业为主，有时候说一些与业务无关的有意义、有价值的内容，反而更能产生良好的影响。

构建互惠的网络

经商之道，最要紧的是建立关系。无论是筹募资金、购买原料、寻觅货源，还是广告促销，都离不开关系。

中国人最喜欢也最擅长搞关系，有了关系一切都没有关系，没有关系什么事情都可能很有关系。虽然说得有些夸大，却也不是空穴来风。关系够，什么话都可以直说；关系不够，什么话都不方便说。

于公于私，都必须讲关系，所以老板平日应该广结善缘，用心建立关系，到时候才知道原来关系的功效这么大。老板要尽量扩大自己的社交圈，既要维护好熟人之间的关系，又要多结识陌生人。因为，企业的很多业务事实上是老板带头开展的。

建立关系，最要紧的是互惠互利。如果只是对自己有利，除非抓住对方的把柄，施以高压，否则很难达成协议。能够给对方一些好处，自然能拉近彼此的距离。如果是熟人，大可以开门见山，说的人够爽快，听的人很放心，请求的事情当场就能敲定。

现代人喜欢说"敬请合作"，听起来富有平等的精神，大家站在同一水平线上，彼此合作。聪明人知道一旦讲求平等，就得不到特别的照顾，因此宁愿委屈些，说"请帮忙"。同样一句话，听的人要受用得多，至少知道"我在帮忙"，而不是合作而已。请人帮忙，要比"敬请合作"诚恳得多。

本来互惠互利和互相利用的差别就相当模糊，不容易说清楚。大概我们高兴时，说得动听一些，就是互惠互利；一旦情绪不好，发起脾气时，说得难听点，就成了互相利用。

中国人的事情，其实也很简单。心里头认为互惠互利，自然就真的互惠互利。心中念着互相利用，果真变成互相利用。心想事成，一点也假不了。

人与人之间的关系，就是这么奥妙。都是一面之缘，但是所结的缘有厚有薄。有互惠互利的缘，也就有互相利用的缘。内心的感受，则有如寒天饮冰水，点滴在心头，非常清楚。

我们相信，心里想着互惠互利，比较容易产生良好的结果。双方互相利用，到头来往往反目成仇，演变成互相残害、两败俱伤的局面，悔不当初。

一生当中，能够找到几个志同道合的朋友，大家互惠互利而不互相利用，就已经奠定了良好的成功基础。如果还能够找到坚实有力的靠山，把自己和靠山紧紧绑在一起，成功的机会就更大。

凡事以义气为重

关系公司之间分中有合、合中有分，既具有高度的自主性、灵活性，又具有高度的配合性，这才是老板努力的目标。要达到这个目标，就要构建一个重义气的中国式的人际网络。

西方人不太相信义气，他们觉得义气非常不可靠，他们重法律，凡事都签合同，按约定进行。而有些中国企业，没有合同时合作得很好，要签合同时，反而合作出现裂痕。因为中国人签字的时候是很慎重的，害怕签字以后对自己不利，所以签字前必定要求对自己有利的条件，对方也是如此想法，这样二者就起冲突了。

我认为，用汉字来定契约是高度危险的，因为汉字的弹性太大，怎么解释都有道理，到最后只是保护了不讲理的那一方。

历史上，三国时代有那么多英雄人物，最受景仰的是关羽，因为关羽讲义气，而中国人特别重视义气。中国人自古以来就有侠义之风，路见不平，拔刀相助。当我有难的时候，寻求你的帮助，你还要定契约，还要调查，我还认识你做什么？

以前的商帮在这方面做得很好，彼此经常联系，加深了解，增强信任。而且一人有困难，不需要开口，别人就会主动帮助，借钱不要借据都没有关系，这样，何事不能成功呢？

因此，老板应该建立起不重形式的相互信任，平时多投入时间进行相互的沟通和了解，关键时刻别人才能够舍生取义，提供及时的帮助和支持。在如今这个瞬息万变的时代，老板之间的关系才是参与市场竞争的优势所在。

●●● 第二节 企业的分工合作

在当今社会，企业单打独斗是不行的，必须合群，打组织战。中国历史上有很多宝贵的东西值得现代人学习，比如说合纵联横，用在现代管理中，就是说不要把所有的事情让一个人负责，一件事情由一个人负责到底，风险太大；把这件事情分解，让不同的人去做，你有你的强项，我有我的强项，大家各有所长不是很好吗？

合并不如合作

有人曾经大力主张中小企业要设法加以合并，组成大企业，以增强竞争力。然而，事实证明，面对21世纪快速变化的环境，企业规模大，应变能力反而较差，其弹性远不如中小企业。

小企业有小企业的好处，船小好掉头。韩国提倡发展大企业，台湾地区一般发展中小企业。韩国的大企业发展得时好时坏，因为环境变动时不好调整；台湾地区98％的企业都是中小企业，一旦环境有变，它们就会迅速调整。总之，大中小企业按比例发展，整个市场才会均衡协调。

现代企业之间的关系就如同春秋战国时期国与国的关系一样，大企业相当于大国，小企业相当于小国。无论大国还是小国，都因利益而结盟，也会因利益而打仗。就像现在的大小企业，随时合作、随时竞争一样。

几乎每个行业都有几个实力相当的大企业，如索尼与松下、可口可乐与百事可乐等。这些实力雄厚的大企业，真要斗得你死我活，势必两败俱伤。其实，这些大企业应该看开点，有几个可学习的竞争对手未尝不是好事。大家相互竞争，相互学习，才能共同发展。时不时地碰撞出一些火花，才能吸引消费者的眼球，否则的话，一个企业独大，掀不起任何波澜，久而久之，公众就会将其淡忘。

大企业应该学习一下《三国演义》中关羽义释曹操的故事。在火烧赤壁以后，诸葛亮安排了几路人马拦截曹操，最后一道就是由关羽把守的华容道。尽管关羽立下了军令状，还是因一念之仁，放过了曹操。许多人看到这里，都替关羽惋惜，认为他失去了灭曹的大好时机。其实，就因为他放过曹操，才越发了不起，他绝不是妇人之仁，而是从大局出发——曹操杀不得。如果那时把曹操杀了，刘备也就没有前途了，孙权会把曹操的人马收编过来，顺便把刘备也灭掉。所以，那个时候，是不能让曹操死的。以诸葛亮的聪明，他早就考虑到这一点："操贼未合身亡。留这人情，教云长做了，亦是美事。"所以才派关羽把守华容道，不然的话，把张飞放在最后一关，曹操必死无疑。

有时候，适当培养几个敌人，你才有事做，你把竞争对手统统都干掉了，你自己也垮了，这就是外国人很难想象的。竞争对手从另一个角度说，就是你的老师，我们应该善于向敌人学习。司马懿的老师就是诸葛亮，每打一次仗，司马懿就从诸葛亮那里学到很多东西，还不用交学费。司马懿最大的长处就是承认"我不如你"，结果他活了76岁；周瑜就没有这种度量，结果36岁就死了。一个人，只要承认你不如人家，就达到了海阔天空的境界；总想着"我一定要把你干掉"，最后对方没有死，你就先死了。

幸好现在的大企业都看清了这一点，所以尝试强强联合，即互相看好的大企业进行合并，以形成实力更大的企业。但是，不同的大企业合并之后，因制度、文化的差异，产生种种问题，很不容易克服，因而，合并不如合作，结为秦晋之好更适合大企业的发展。

以前的大国总是妄图欺凌、吞并小国，不给小国生存发展的空间，秦始皇吞并六国就是如此。一些大企业也不断地收购小企业，以壮大自己的生产线。其实，对于大企业来讲，专注于自己的几项重点产品，不要大小通吃，更有利于自身的发展。什么产品都想生产，产品线越多，风险越大，正如一个人长得太高、太胖的时候，动作就会不灵活一样。

在一个行业内，如果只是依靠一个企业自身的力量将行业链条中上游、中游、下游的事情全部做完，是不太现实的，这样的做法不仅对资源和管理能力提出非常高的要求，同时也易造成顾此失彼的状况。所以要以大带小、分中有合，表面上是分，本质上是合。比如生产饮料的企业，如果自己生产瓶子、瓶盖等相关产品的话，就容易分散精力，忽略了主产品。如果把这些相关产品交给一些小企业来做的话，自己主攻饮料市场，更容易发展壮大。

大企业带领中小企业发展，有钱大家赚，这种观念才符合中国人的想法。大家分工合作，整体配合，共担风险，每个人都专心地做好自己分内的事，这样才能迅速发展。

小企业一般实力较弱，无力与大企业相抗衡，他们多依附于大企业，生产一些周边产品，或是生产有特色的产品来赢得市场。小企业之间同样竞争激烈，几乎每天都有小企业倒闭，也有小企业诞生。小企业由于生存环境比较恶劣，更应该互相扶持，共渡难关。

分工为了合作

不可否认，分工容易产生支离破碎的感觉，甚至于生出浓厚的本位主义思想，影响合作的效果。所以必须树立正确的观念，才可以既分工又合作。如果不能合作，那就用不着分工。不能达成合作的效果，分工就失去了价值。如果合作只有坏处而没有好处，干脆各搞各的，各自分工，反而好一些。

不同企业结成联盟之后，必定有一个核心企业。这个企业联盟好不好，核心企业起到70%的作用，其他团队成员向核心企业看齐，但不能绝对一致，而是保持大同小异的状态。

核心企业在刚开始管理外部团队时，要一视同仁，但在一视同仁的同时，要考验每一个团队成员，差别对待。至于如何差别对待，不是你主观决定的，而是要经过多方面的考量。表现好的可以给予一定的优惠政策；表现不好的就要督促其改善；有异心的，要对其多加防范。

外部团队都是各自独立的组织，有着自己的利益出发点，基本上是"合则留，不合则去"。在考核外部团队时，应更加小心，以免引起不必要的麻烦。

总之，与外部附属团队建立密切的合作关系，要把握"度"，既强调"众生平等"，又合理地融入"亲疏有别"。对外部附属团队不能随便地建立起高度的信任，因为这样风险很大，而应该通过不断的考验以确定其可以信任和合作的层次，根据实际情况来区别对待。如果能够构建出大同小异的氛围，即可以视之为成功的团队。

委曲才能求全

每个企业都有其局限性，必须同心协力、通力合作才能求全。有心求全，心理上先要有"委曲"的准备。联盟合作的对象，就算理念十分相近，毕竟各有各的立场，各有各的苦衷，难免有不协调、不配合的现象，若是不能保持"委曲求全"的心态，哪里有长久合作的可能？各人退让一步，站在对方的立场来思考，凡事将心比心，以设身处地的态度好好商量，才能够达到长久合作的目的。

核心企业必须用智慧、爱心和耐心来开导、教养、协助其外部团队的成员，使它们心甘情愿地承担有能力担当且适宜担当的责任，这不是容易完成的任务。首先要把现有的、将要发生的以及计划中期待产生的工作分门别类，做好通盘性的分配，以求其顺利有效地进行。把所有外部团队的成员，都看成"外部的内人"，以"一家人"的心态，来征求其同意。如果有必要变更或临时变化，必须获得众人的同意或谅解。

核心企业要对外部团队的成员"以大事小",而外部团队要对核心企业"以小敬大",各自委曲,才能求全。善用中国人的"以让代争",柔中带刚,彼此为实现共同目标,各自机动调整,权宜应变,自然能获得整体的和谐。

第三节 安顾客为了生存

对企业来说,顾客是企业的衣食父母,是上帝,是企业生存发展不可或缺的支持者。企业所有的收入几乎都是依靠顾客得来的,没有顾客,企业就只能"节衣缩食",甚至宣布倒闭。所以,企业的首要任务是安抚顾客。顾客不安,就是对产品或服务不满意,企业再怎么做都是没有用的。中国人喜欢说"顾客如云",就表示顾客像云一样飞来飞去,说走就走,说不买就不买,说翻脸就翻脸,是最不固定的。稍有不慎,即使是多年的老顾客也会突然变心。顾客安定,才说明企业运转正常。

了解顾客的需要

要想安顾客,必须满足顾客的需要。一般来说,顾客所需要的,是货真价实、供应不断、态度友善、更新产品。

货真价实

中国人最怕吃亏上当,一旦发现吃亏上当以后,就会认为你货不真、价不实,以后你再讲什么,他都不会听你的了。顾客心怀不安,就会怀疑,开始抱着不信任的心态。只要顾客不信任哪一家公司,就会像云一样散掉,这家公司也很快就会枯萎下去。现代企业非常重视危机管理,发生危机时最重要的是澄清事实,消除顾客的疑虑。否则的话,再大的企业也会因此而倒闭。

另外，中国人喜欢占小便宜，如果你的货品物美价廉到让顾客以为占了便宜，那你还能不财源滚滚吗？

供应不断

为什么顾客需要供应不断呢？很多人都会念旧，喜欢一种产品，就会一如既往地使用。一旦习惯了的产品突然断货了或停产了，顾客就会不满。所以我们常常强调求新求变，其实是很有问题的。可口可乐公司为了与百事公司竞争，更改了使用多年的可乐配方，结果引起轩然大波，最后不得不将新可乐停产，恢复生产旧配方的可乐。

态度友善

相信没有人愿意花钱买气受，如果企业的服务态度不够友善，那岂不是让顾客花钱买罪受吗？一些企业只把"客户至上"当成一种口号，并没有付诸实践，一般的服务人员对待客户根本没有这样的观念，还会嫌顾客烦，认为"你们少来算了，最好不来"。就像老舍先生在《取钱》一文中所写的一样："八点四十分，过来一位，脸上要下雨，眉毛上满是黑云，看了我一眼，我很难过，大热的天，来给人家添麻烦。他看了支票一眼，又看了我一眼，好像断定我和支票像亲哥儿俩不像。我很想把脑门子上签个字。他连大气没出就把支票拿走了，扔给我一面小铜牌。我直说：'不忙，不忙！今天要不合适，我明天再来；明天立秋。'我是真怕把他气死，大热的天。他还是没理我，真够派儿，使我肃然起敬！"

这样的服务态度又怎能吸引顾客呢？服务人员态度差，是因为他们总以为自己的工资是老板给的，根本没有想到工资是顾客给的。

更新产品

这与"供应不断"并不冲突，保持老产品和推出新产品要双管齐下，才能赢得源源不断的顾客。就是说，企业的老产品要一直保持下去，直到顾客自己不想要了，才可以停产。例如，人们不再喝可乐了，那可乐公司就可以停产了。但是同时还要不断做出新的产品来，让顾客有更多的选择。还以可口可乐公司为例，该公司不止有可口可乐一种产品，还生产其他饮料，就连可口可乐，也有不同的口味儿。

换句话说,更新产品的自主权掌握在顾客手中,不在企业手中。现在许多企业的产品说断就断,零件说停止生产就停止生产,以致很多老顾客的东西坏了却没有更换的零件,顾客能不生气吗?我们嘴上讲服务,讲"客户第一",实际上还是生产本位,而不是客户本位。

和顾客搞好关系

顾客是很绝情的,所以最好和顾客搞好关系。要让中国人不杀价,其实很容易,你只要和他关系很熟,他就不好意思杀价了,店家经常"杀熟客",就是这个道理。

和顾客搞好关系,首先要在第一时间让顾客感受到我们的热情,所以服务人员要主动和顾客寒暄、打招呼、问好,以建立并保持良好的人际关系。有的企业做得比较好,把顾客的资料汇总,做成档案。这样客户再来时,就可以根据客户资料进行无微不至的服务。

和顾客打交道,必须积极主动,但是不能够只想让顾客掏腰包。如果我们只把目光盯在顾客的钱包上,其他都不管,最后大多是做不成生意的。尽管我们表面上十分诚恳,如果内心毫无诚意,顾客还是马上会觉察出来的,他们是不会感动的。比如,很多场所都要求服务人员喊"欢迎光临",这是搞形式主义,做表面文章,对大多数中国人是没有用的。我们要先注意顾客有什么值得关心的地方,这是对待中国人最好的方法。

顾客光临,是我们的荣幸,心存感谢,尊重顾客,才是根本的待客之道。当顾客受到尊重的时候,就会管好自己,不会乱杀价,这也是保障我们自己利益的方法。

我们最好设法认识顾客,记住他们的尊姓大名,和他们结交成为朋友,他们才可能变成我们的老主顾。我们中国人和朋友不计较,却和生意人斤斤计较。所以我们如果把顾客变成朋友,那就是最大的财富;你始终把顾客当顾客,就会发现他们是斤斤计较的。

顾客很善变,本来想买的,忽然不买了。所以我们中国人要知道,当一位客人想走的时候,你要笑脸相送,买卖不成人义在,千万不要惹他生气,因为他很可能又想买了,很快又会回来的。如果我们说:"随便看看,买不买都不要紧。"他反而会不好意思，觉得"自己麻烦你那么多事情，多少买一点吧！"因此，和顾客搞好人际关系，顾客就会变得很可爱。

保持定期的接触

既然要赢得老顾客，只靠一两次的接触还不够，还需要长期的、经常性的联系。时不时地通过访问、电话或书信的形式问候一下，顾客生日或结婚时送张卡片，让顾客感觉到我们时时刻刻在想着他们，关心他们，这样顾客也会时常想起我们，甚至会主动变成我们的推销员。因为一旦他们对企业、对产品或者服务有好感，就会主动向自己的亲戚、朋友去介绍，这才是企业提高销售业绩的最大助力。所谓的"300法则"，便是"看见一位顾客，要想起他的背后还有300位潜在顾客，真是得罪不起"。也就是说，一位顾客如果真正相信、欣赏我们的产品或服务，即便他自己买过一次后不可能再买，但他一生中会推荐300个亲戚、朋友、同学成为我们的顾客，而且他不会有任何额外的要求。如果老顾客都能变成我们的推销员，我们的销售队伍就会无形中变得很庞大，我们的产品也容易赢得好的口碑。当一个中国人愿意不要任何报酬替你做事情的时候，你便得到了他的信任。所以一分耕耘才有一分的收获，不是说我们经常发几张宣传单，做几次电视广告，就可以提升销售业绩了。

我们如果忙着寻找新顾客，就会疏忽老顾客，而发展一位新顾客的投入是巩固一位老顾客的5倍。在许多情况下，即使争取到一位新顾客，也要在一年后才能真正赚到钱。IBM的营销经理罗杰斯谈到自己的成功之处时说："大多数公司营销经理想的是争取新客户，但我们的成功之处在于留住老客户；我们IBM为满足回头客，赴汤蹈火在所不辞。"

如果一家企业没有老顾客，会形成很多负面影响。销售量下降还在其次。人们会觉得凡是买过一次该企业产品的人，都不去买第二次，那就说明该企业的产品一定有问题。这样，新顾客也会望而却步，久而久之，企业的顾客就会大量流失，而且很难开发新顾客。

适时地对老顾客表示问候，表达关怀的意思，让顾客觉得我们在关怀他，他就不好意思不为我们做点事情，这是中国人最可贵的地方。

第四节 安社会为了发展

企业是社会的一个主要组成部分，有责任为社会的发展作贡献。现在有"企业公民"的说法，就是说，企业应该把自身的成功与社会的健康和福利密切联系起来，应全面考虑企业对所有利益相关人的影响。

社会大众对企业的印象如何，直接影响企业的发展前途。老实讲，经常有较大人事变动的企业，会引起社会大众的怀疑，人们会认为企业内部一定有问题，说不定什么时候就会倒闭，进而对企业的产品产生不信任。海尔集团的张瑞敏当众把不合格的冰箱砸毁，就是告诉社会大众：我的产品确保质量，不合格的宁可砸掉也坚决不卖。

有的企业为了自身利益，随意排放废料，造成环境污染，使社会反企业的情绪高涨。企业唯有善尽社会责任，才得安然长存。

善尽责任带来良好印象

以前人们常说"无商不奸"，就是因为有的企业只顾自己赚钱，靠坑蒙拐骗的手法欺骗消费者，不计其他社会后果，不考虑自己对周围环境的影响。"无商不奸"的恶劣形象，是企业发展的致命伤。企业形象不好，你的员工会很没有面子，你想留人也留不住，员工和顾客迟早都会心生反感而跑掉。唯有善尽社会责任，才能塑造良好的企业形象。

人类要幸福就必须学会分享财富。一个人富有后不要神气，不要骄傲，因为你能富有大部分是因为"祖上有德"，只有小部分财富是你自己辛苦劳累得来的。我们应该把财富拿出来和大家分享，才会给自己的子孙后代积德，这是非常重要的。许多人现在稍微有一点钱后，就开始去帮助那些贫困的地区，捐助那些上学困难的孩子，这就对了。要记住，分享就是一种美德。懂得分享，你的祖宗会因为你而受到尊重；懂得分享，你的子孙会因为你而得到福气。如果我们有钱只是自己用，到国外去消费、去度假旅游，表现得很神气的样子，那么这种富有是不可能持久的。

企业要想塑造良好形象，也要学会分享。一个企业穷的时候讲分享，不太现实，可是一旦企业富有以后，仍不讲分享，就会变成众矢之的，人们非把你搞垮不可。所以现在许多企业发展起来以后，它就要修缮社区的道路，帮助建设城市。企业从一个地方赚到了钱，理所应当拿一部分利润出来，回馈这个地方；地方经济很快地发展起来，反过来对企业的未来发展也是有好处的。

如果一个企业懂得和社区分享，这个社区就会帮助这家企业去宣传推广，帮助它树立好的社会形象。有一些企业，不管杂志、电视等媒体怎么吹捧它，可是一到当地，就会听到很多对它不满的声音，这就是企业不懂得和社区分享的结果。

一个社会，如果反企业情绪高涨，那就表示社会大众对这些企业已经失去信心，心有不安。现在越来越多的地方，对企业的审查越来越严格，甚至于制定法令来限制某些企业的设立。

为社会增加就业的机会

每个企业老板都有责任赚钱，因为他有责任照顾员工，有责任回馈社会。企业赚取利润，必须以"为国家创造财富"为理念，这也是分享的体现。另一方面，企业应该为社会增加就业的机会，这是非常重要的。

人民安居乐业，国家才可能富强。一个社会只要失业率增加，无业游民增多，社会就会不得安宁。我们一定要降低失业率，使社会中的每一个人都能够有就业的机会。

我们创立公司、经营企业，可以增加就业的机会，对安定社会有很大的贡献。有能力的人，最需要的就是工作机会，这样才能够表现自己的能力。国民有充分的就业机会，人力资源才得以有效运用，这个国家就会逐渐地安定、进步、发展起来，社会也会越来越和谐，越来越进步。因此，为社会增加就业的机会，我想这是企业家对社会的最大贡献。

提供就业机会是一方面，另一方面还得使员工放心就业，所以企业目标必须正确，所经营的业务有相当的意义，对人们日常生活所需的衣、食、住、行、育、乐等有帮助。员工就业，并不只是想赚点钱养家糊口，而是也希望有个发展的平台，能够不断学习，能够学以致用，能够实现人生的价值。所以，老板有责任对员工严管勤教，如果员工就业后，养成很多坏习惯，那么他们的家长当然会十分痛心。本来不会赌博的，到了公司之后学会赌博了；本来不会抽烟、酗酒的，到了公司不久也学会了。这是谁的责任？自然是公司的责任。

企业管理得当，让员工养成良好的习惯，员工才能安心就业。

在社区营造良好的风气

企业的风气好不好，直接影响到社区的居民。员工时常闹情绪，和上司吵架，和顾客争吵，和社区的左右邻居搞不好关系，社区居民就会心生反感。企业经常发生劳资纠纷，甚至闹得整个社区不得安宁，当然更不是好现象了。

企业倘若有这样不好的氛围，老板则责无旁贷。企业管理良好，用心教导员工，员工便会养成好习惯。员工回家带动自己的家人，也形成好习惯，整个社区的风气便会慢慢地受到影响而愈来愈好。

所以我一再说，企业不应只是学习型的企业，它还应该是教育型的企业。教育就是企业要扩大自己的影响。企业不应只是供应产品，还应在社区营造良好风气。如果我们企业的员工很有礼貌，很守规矩，他回家后很重视家庭教育，那么这个企业即使赚钱很少，我相信企业老板也是很有成就感的。

企业以盈余来回馈社区，表示"取之于社区，用之于社区"，并且做好敦亲睦邻的工作，大家互相尊重，皆大欢喜。在社区营造良好风气，是企业回馈社会的重要工作。

21世纪，我们企业发展的方向，就是要成为很受民众欢迎的好企业。我们的目标正确，经营的业务正当，产品经得起检验，管理效果良好，自然会成为受民众欢迎的好企业。

一个好的企业，应该每年定期安排几天，向社会大众开放，欢迎大众来参观，实地了解企业。参观过企业的人自然会向社会传播信息，企业的形象也会越来越好。在这样的企业里就业的人，自己就会认为找到了正当的职业，他的亲友邻居，也都会看得起他。企业与社区相处得很好，家长也很放心让子女在这里就业，他们自然会千方百计地帮助企业发展。受民众欢迎的好企业，才是国家、社会所需要的正当企业。

第七章
家庭关系是终生学习的必修课

俗话说，家和万事兴，但是"和"必须合理，才不致变成令人厌恶而又害怕的"和稀泥"。古人说，"家人，女正位乎内，男正位乎外，男女正，天地之大义也"，意思是说，家人必须"各正其位"，努力扮演好自己的角色：该对外的要好好对外，以获得社会大众普遍的好感；该对内的要互相支持，彼此依靠。

俗话说，家和万事兴，但是"和"必须合理，才不致变成令人厌恶而又害怕的"和稀泥"。古人说，"家人，女正位乎内，男正位乎外，男女正，天地之大义也"，意思是说，家人必须"各正其位"，努力扮演好自己的角色：该对外的要好好对外，以获得社会大众普遍的好感；该对内的要互相支持，彼此依靠。

第一节 重视家庭

现在的年轻人对立业比较感兴趣，而对成家不太感兴趣，就是因为很多人小的时候没有体会到家庭的温暖。这样，人生两大事，只完成一半，有一半还是落空的。大学之道，只有"修身、齐家、治国、平天下"，根本没有"立业"，难道立业不重要吗？其实，成家立业只是过程，不是目的，成家立业的目的就是修身、齐家、治国、平天下。如果我们在工作中不能修身，这个工作是毫无意义的，也是没有价值的。把小家庭治理好，也可以体会到治理国家的道理。

成家是生命意义的传承

中国人具有浓厚的家庭观念，家人之间团结友爱，互相帮助。这种亲密的关系，甚至延伸到活人与死人之间：有些活人凭借死人的余荫，依赖祖先的功德立足于社会；有些死人则由于在世子孙的功业而扬名，借着他们所建立的事业而流芳百世。

为什么中国人会特别重视儿子？几千年来，中国人传统上重男轻女，自有其道理。全世界的人都追求永生，因为人的生命是有限的，人过留名、雁过留声，谁都不愿意在活了短短几十年后，就被人们淡忘，总想留下一些什么东西，最好是身体永生。西方人追求永生，走的是神本位的路子，"信我者，得永生"。中国人走人本位的路子，你只要活在大家的心中，你就永生。中国人最高明的是，想办法活在大家的心中。为什么中国人重视心连心？就是我们想永生。只要大家都记得我们，我们虽死犹生。

古时候，帝王设立太庙，以祭祀祖先；大家族都有祠堂，以崇宗祀祖；普通老百姓也几乎家家供奉祖宗的牌位：这都说明祖宗虽已过世，但是永远活在子孙的心中。外国人心中只有上帝，我们心中没有上帝，在我们心中记住的那几个人中，祖先是最优先的。因为我们知道祖先不会害我们，当我们有难的时候，还可以求"祖先保佑"。

一个人想要活在别人的心中，有三条路，叫作"三不朽"。第一条路，叫"立功"。当国家有难的时候，一大批仁人志士奋不顾身，立下赫赫战功，流芳百世，如卫青、岳飞等人。

历史上有很多民族英雄都是靠立功，让我们后代子孙永远记住他的。可是立功要有机会，没有机会，就是英雄无用武之地。"冯唐易老，李广难封"，人的生命是有限的，机会不一定在你有生之年到来，所以有些人生不逢时。

第二条路，叫"立言"。立功要靠机会，而立言的自主性就大一些。很多人都喜欢著书立说，就是想通过立言，名垂千古。但是立言更难，"文章千古事"，不是随随便便就可以成就的。有很多人的文章最后变成废纸，只是浪费资源还算好的，有的书留传下来，只会害人，那更糟糕。一本坏书给人造成的负面影响是很大的，以前我们只知道地狱有18层，我觉得地狱应该有第19层，就是专门给那些胡说八道、误人子弟的人去住的。

第三条路，叫"立德"。立功没有机会，立言非常困难，那立德总不会有问题吧？中国人提倡修身养性，就是每个人都有机会立德。你好好做人，好好做事，一切凭良心，那所有人都会说你修养很好。你死了以后，人家都会念着你，你就永生了。但是，立德要一生一世，稍有差错就会前功尽弃。

人是会变的，只有盖棺时才能定论。

有能力的，可以立功；有学问的，可以立言；有耐心的，可以立德。三者都没有，那怎么办？最简单的办法就是生个儿子。因为儿子会永远记住爸爸。中国人不贪心，只要在自己的儿子身上得到永生就够了。所以，我们很在乎子女心中有没有父母，如果子女的心中连父母都没有，那就等于白生了，父母也没有办法永生。

中国人一生一世以"光宗耀祖"为目标，因为上几代人都没有什么好的表现，所以希望我们的子孙当中有一个出类拔萃的人光耀门楣。西方人认为成功只是个人的事情，中国人认为成功是一家人的荣耀。中国人一旦当了大官，第一件事是要衣锦还乡，就是给邻居看看，我父母当年很辛苦，终于把我栽培出来了。一个人发了财，一定要回家把祖屋修葺一新，目的是光宗耀祖。一个人，一生再怎么辛苦其实都无所谓，只要你的子孙不会忘记你，你就不枉此生了。

家人是生活幸福的源泉

家是我们疲惫的时候可以放松身心的地方，而不是钩心斗角的地方。家，不需要富丽堂皇，但要温馨舒适。在外面，可以有很多利害关系，而在家里不应该有任何利害关系。

维护一个和美的家，需要每个人的努力，只有每个人都牢记自己是家庭的一分子，好好爱护自己的家庭，家才是甜蜜的、安全的。我们的一切与家人息息相关，根本不可能分割。任何人的成败，实际上都和家庭教育有密切的关系，因为我们自幼受家人潜移默化的影响，这种影响往往作用一辈子。

换句话说，我们特别重视个人对家庭的责任，希望在家庭中实现个人，而不是为了实现个人而忽略甚至于伤害家庭。如果你连家人都伤害的话，外人还敢信任你吗？尊重家人其实是尊重自己的具体表现，一个人若是不尊重家人，又怎么可能无缘无故地尊重其他人？

在家庭生活中，有过错当然要检讨，但检讨的目的在于补救而不是单纯的责罚。各自承认错误，比较容易水落石出；互相争功诿过，往往造成混淆，而且容易伤感情。比如家庭教育出了问题，父母率先承认自己的疏失，子女才敢坦然承认自己的错误。但是，现实情况常常是，父母一下子把责任推给子女，子女生怕承担不起这么重大的责任，以致逃避、找借口，甚至于离家出走。

争做"坏人"，真正的坏人才会现形；抢当好人，结果谁也当不成好人。家人和谐相处，相亲相爱，这是"大是"；彼此明争暗斗，互相伤害，即为"大非"。大是大非之下，当然还可能产生许多是非，都要将之视为小是非而彼此体谅，互相劝勉。因为大是非比小是非更重要，千万不要为了小是非而争执不休，结果害了大是非。

对小是非不可睁一只眼闭一只眼，更不可小题大做，伤害骨肉亲情。在保证一家人的情分下，尽心尽力去化解，这才是解决之道。最重要的是，家长必须公正，不可偏心，这样才能得到大家的信任，易将大事化小，小事化了。

子女没有资格批评父母，父母再坏也是很神圣的，这是子女的孝心。现在很多人向大家控诉"我爸爸怎么坏，我妈妈怎么不讲道理"，这种话讲了有什么用？情况会改善吗？家里面会变得和谐吗？不会。既然这样，那控诉有什么用？中国人一直说家丑不可外扬，就是这个道理。

人难免会犯错误，没有什么错是绝对不能原谅的，没有严重到那个地步。当然，违反天理国法的事，我们是没办法视而不见的，但家里不是讲法的地方，而是讲情的地方，家人犯了错，我们可以用亲情感化他，让他感觉到很不好意思，让他自己去改变，这是家庭的力量。一切都依法办理，那家还像家吗？

家人之间应有成全的理念。成全就是你一个人做不到的话，我们几个人把自己的力量都加在你身上。你有了什么成就，就回过头来照顾我。家庭成员众多，看哪个比较适合读书，就让他去读书；哪个比较适合学手艺，就让他去学手艺；哪个比较适合于种田，就让他去耕种。全家人都读书，没有一个人读得好，倒不如让会读书的代表全家人去读，全家人成全他。所以有的人一成名，就要回馈兄弟姐妹。

曾经有一对夫妻，就为了洗碗而离婚了。两个人谁都不愿意洗碗，就像西方人一样，签合同，一个人洗一周。轮到先生的时候，先生就乖乖地洗；轮到太太的时候，太太就投机取巧。先生很生气，二人就离婚了。其实洗碗是很简单的事，却产生如此严重的后果，很可笑。在家务事方面，夫妻二人要衡量一下：如果两个人都没有出息，一人做一天；如果先生比较有出息，则太太做家务；如果太太比较有出息，则先生做家务。这才是成全。

子女是成家立业的动力

成家立业，原本是人生的两件大事。成家包括结婚和生育子女，立业指的是为人父母必须努力使家人的生活有保障。子女是成家立业的原动力：子女既是父母的骨肉，又是家庭的生力军，也是国家未来的主人。但是，如果亲子关系不好，这些都没有意义，还可能产生负面的作用。

子女是什么？子女是父母亲生的骨肉，而且是合法的，这种身份很难得、很珍贵。有了小孩以后，这个家才更温暖，才会后继有人。因为一个人不可能把自己想做的事情都做完，总希望有人继承。有子女，就有希望，因为子女会把我们的理想继承下去。

所以要么干脆不生子女，生了子女就要好好去维系良好的亲子关系。良好的亲子关系，应该从慎选配偶、健全婚姻关系开始——男女双方都能够为未来的子女着想，有着相同的教育理念。很多人知道"父母不好当"，却很少有人体谅"子女不好做"。有人说父子两代之间有一条代沟，彼此很不容易沟通。其实，有没有代沟，完全看父母怎么想。你认为有，它就时刻都能出现；你认为没有，它便不能产生作用。父母把代沟看成可能的障碍，设法加以排除，才是正确的态度。家人的乐趣，主要在于沟通良好。只有家人彼此倾诉，才是真正的亲情。

父母平时多和子女谈心，而不是"无事说大道理，做错事就教训"。经常保持密切的关系，充分了解子女的心灵动态，一家人自然沟通良好，不受代沟的影响。父母不能够借口工作忙碌，或者子女年幼不懂事，便不和子女交谈，那样只会彼此产生隔阂。

亲子关系的最佳表现，在于全家人不分男女老幼，都能够同心协力，坚持正大光明的途径，在合乎法律与道德的道路上，互相勉励支持，不起邪念，不走歪路，在爱国家爱民族的前提下，共同奋斗，以富家促进富国。

人生的大事是成家立业，成家的大事在生育子女，而生儿育女的大事，应该是亲子关系正常合理化。合理的标准，由于各民族的风土人情不尽相同而有所差异。比如中西方家庭，就有如下不同：

第一，西方人的家庭是很单纯的核心家庭，就是由一对开始，以一对结束。西方的男女结婚后，就组织一个二人家庭。小孩长到18岁时就会离开，然后这个家庭就剩下一对老夫妻。中国的家庭是以一对开始，以好几对结束。因为中国的家庭经常是三代同堂，像《红楼梦》里描写的就是一个中国大家庭。不过现在由于多种条件的限制，很难实现三代同堂，但是三代同堂的精神应该保持。一家人不应该生疏，要常常联系，这样关系才会好。

第二，西方的家庭是有限公司。西方社会所强调的自由、独立和契约行为，对西方的家庭制度产生了很大影响。子女到了18岁，便向往自由，要求独立，就算经济不能自主，也要依赖契约，向银行贷款，先用再说，以后赚了钱才慢慢偿还。政府也提供各种贷款机会，帮助年轻人独立自主。父母对子女只负有限的责任，使得西方核心家庭好像有限公司一样，不必担负无限的责任。父母对子女的教养和影响，实际上也是有限的，因此显得亲子关系相当淡薄。

中国的家庭比较接近无限公司。中国的家庭不论子女长到什么年龄，在父母的眼中，永远是不完全成熟的孩子。儿子长大结婚，与妻子居住在父母家中，不必寻觅自己的寓所。就算儿子的儿子长大成人，仍然可以留在父母家中。复式家庭提供一辈子的支持，使子女比较有勇气伸张正义。因为父母时常鼓励子女要不畏强权，大不了咱回家，家中随时可以加一双筷子，并无后顾之忧。当然，也很可能养成子女"天塌下来也有父母去顶"的依赖心理，反而偷懒、怕吃苦。父母对子女以及子女的子女，负起无限的责任，强调一家人血浓于水，能够长久地互依互赖，实在具有无限公司的架势。

亲子关系决定于家人的观念。无论家庭的结构或形式，实际上都是观念的产物。如何教养子女？在子女的幼小心灵中，注入什么样的观念？这不但会影响子女的一生，而且对父母本身也会造成影响。因为中国社会是以家庭为单位的，任何人的一言一行都代表着他所在的家庭。

很多人批评中国人的家庭包袱太沉重，好像人们被家庭绑死了，没有办法发展自我。其实不然，中国人是在家庭中发展自我的。一个人，只要他的儿女有出息，自己也会跟着光彩起来。所以一个人在家里面能得到家人共同的支援，他获得的成就，一定要跟家人分享。日本人有家庭没有自我，美国人有自我没有家庭，中国人向来是要两方面兼顾的，既要考虑到家庭，也要考虑到自我。所以中国人一看小孩表现不好，就说他没有教养，意思是说他的爸爸妈妈不会教养小孩。骂小孩，他很冤枉，他也担不起这个责任，所以我们会把责任都推给他的爸爸妈妈，"子不教，父之过"嘛。

第二节 夫妻和谐

君臣、父子、夫妇、兄弟、朋友五伦当中，以夫妇为基础，"君子之道，造端乎夫妇"，夫妇相处出了问题，就会影响其他的关系。夫妇相处得好，立业、治国才能够合理有效。

中国人强调夫妻关系和谐，使用的是"相敬如宾""举案齐眉"之类的词，从不说如胶似漆。夫妻的典范是孟光、梁鸿等人，而非画眉的张敞之流，这是有一定的道理的。

夫妻关系是家庭关系的基础

人与人之间的关系不是平等的，而是亲疏有别。那最亲的人是谁？很多人会想到父子，其实人际关系是从夫妻关系开始的，夫妻关系是非常重要的，因此中国人把确立夫妻关系叫作"定乾坤"。只有中国人会说"家为国之本"，只要家庭不稳定，国家就会遭遇到很大的挑战。

夫妻关系是社会安定和谐、国家正常发展的根本。我一直认为，爱情是没有条件的，但是婚姻一定要有条件。我们所说的门当户对，其实是说男女双方要有合适的条件才可以结婚。

在一个家庭里，绝大多数人都有血缘关系，比如，父子、母女、兄弟，只有夫妻之间没有任何血缘关系，并且法律规定夫妻之间不能存在血缘关系。凡是有血缘关系的人最后要分开住，而没有血缘关系的夫妻居然住在同一个床铺上，按道理说，这应该是很奇怪的事。因为有血缘关系，两人才能安心睡在一起。而来自不同的家庭背景，完全没有血缘关系的两个人却可以共眠，这就是夫妻关系为什么神圣的原因。结婚是人生的大事，不可以等闲视之，但是现在，一些人太轻率了，结果搞得家里鸡犬不宁。

为什么把父子关系放在夫妻关系的后面？中国人讲父子的时候，往往包括母女在内，很多人都觉得，中国人老讲男的，其实中国人在讲天的时候就包括地，讲夫就包括妻，讲男就包括女，他们是一体的。所以，父子关系其实是父母跟子女的关系。夫妻之间是有爱情的，父子之间没有爱情，但有亲情。西方人把爱的范围扩大了，什么都是爱，其实亲情与爱情是不同的。

婆媳关系搞不好，其实是儿子的责任，是他没有把人际关系搞好。当婆婆教训媳妇的时候，儿子不能替媳妇讲话，只要替媳妇讲话，就是在害媳妇。婆婆会想："我养你这么大有什么用？你娶了老婆忘了娘，我教训她两句，哪怕是教训错了，也轮不到你来说。既然这样，等你不在家的时候，我就欺负她。"——婆婆对媳妇不好，多半是儿子造成的。

婆婆教训媳妇的时候，儿子应该站在母亲这边。婆婆之所以老是同媳妇过不去，主要是为了测试儿子的心到底在谁身上。看到儿子还站在自己这边，她反倒不会计较了，慢慢地也会对媳妇好。

会做妻子的人，看到丈夫回来，不会上去跟他打招呼，而是回到厨房里忙自己的事。因为丈夫还有爸爸、妈妈，他们是一家人，他一回来，妻子就跑过去跟他啰唆，他的爸爸、妈妈会怎么想？

千万记住亲疏有别。丈夫平常再忙，可是陪妻子回娘家的时候，绝对不可以无所事事，喝喝茶、聊聊天，而是应该抓紧机会表现。这样，妻子会感觉到很有面子，做家事也不会有怨言。人际关系最重要的就是将心比心，设身处地替对方着想。

夫妻关系是整个家庭安定、进步的基础，夫妻处不好，最倒霉的是他们的子女。夫妻吵架经常会连累孩子，使他们处于不安定的状态。人不安的时候是最痛苦的，人一生就是求心安而已。夫妻和谐，孩子才会安定，一家人才能和睦，家和万事兴。

俗语说得好："妻贤夫祸少。"几乎每一位成功的男人，背后都有一位贤内助，使他没有后顾之忧，可以全心全意投入他的事业。

夫妻和睦是教养子女的良方

父母教养子女的方法，看起来五花八门，各有妙处，事实上归纳起来，可以总括成孟子所说的："男女居室，人之大伦也。"意思是说，男女成家是做人的大道。夫妻能和睦相处，教养出来的子女才会身心健康。家庭生活温暖幸福，亲子关系才会良好。

夫妻和睦相处，是教养子女最有效的方法。说起来十分简单，实践起来则非常困难。夫妻必须做到以下几点：

相敬如宾

孟子说："爱而不敬，兽畜之也。"夫妻相爱，如果不能彼此敬重、相互看得起对方，那简直就和爱家中的宠物一样。

一般人的心理，是看不起自己的丈夫或妻子：当丈夫的总认为儿子是自己的好，妻子是别人的好；当妻子的总会抱怨，人家的丈夫那么会赚钱，自己的丈夫却碌碌无为。

夫妇相敬如宾，才会谨慎地约束自己。如果不约束自己，反而对别人有诸多要求，就是不尊敬对方的表现。孟子休妻的故事就说明了这个问题：

孟子妻独居，踞。孟子入户视之，谓其母曰："妇无礼，请去之。"母曰："何也？"曰："踞。"其母曰："何知之？"孟子曰："我亲见之。"母曰："乃汝无礼也，非妇无礼。《礼》不云乎：'将入门，问孰存。将上堂，声必扬。将入户，视必下。'不掩人不备也。今汝往燕私之处，入户不有声，令人踞而视之，是汝之无礼也，非妇无礼也。"

这段话是说：一个夏日的中午，天气异常炎热，孟子的妻子田氏自己在屋里织布，因酷热难耐，就脱掉了上衣。这时，孟子推门而入，见妻子衣衫不整，十分生气，认为妻子有失礼仪，便要休妻。孟母知道后呵斥孟子说："礼制规定，进门时，要先问谁在屋里；上堂时，要发出声音；进到屋里，目光要向下。这样是为了尊重别人的隐私。而你没有按照礼制的规定去做，自己没先敲门，没出声音，就登堂而入。你要求别人守礼，首先要对别人尊重，是你失礼在先，怎么反而责怪别人呢？"

中国古时候对妇女很不尊重，就连孟子也不例外，幸好孟母比较开明，避免了孟子犯错误。一般来说，夫妻天天在一起，关系很亲昵，最容易放松自我约束。久而不敬,是常见的情况。因此夫妻必须时时约束自己,爱对方就不要惹对方生气,否则,对子女也是一种不良的示范。

意见统一

在教育子女的问题上,夫妻之间难免有分歧,当意见不统一的时候,夫妻之间要进行顺畅的沟通,凡事好好商量。有了子女以后,也应该扩大沟通的范围,让子女适度地参与。亲子相聚,通过彼此交谈,互相了解,并且适时加入一些文化刺激,才能建立良好的亲子关系。

文化刺激是父母用来规范子女行为的一种方式,譬如孝顺值得称赞、诚实是美德、整齐清洁自然最美、儿女不嫌父母丑等正确的理念,最好能够及早灌输给子女,适时建立子女的价值观。

分工合作

夫妻应该互相配合,互相扶持,扮演好不同的角色。按照父母的兴趣和素养,分别辅导子女的课程作业和课外活动。因为对小孩来讲,爸爸和妈妈是有很大差别的,在教育小孩时,父母要分工,分工不是各自为政,而是为了合作。如果不能合作,分工完全没有价值。

通常所说的"男主外,女主内",其实也只是男女分工不同而已,并没有重男轻女的意思。有些事情男主外,女主内,有些事情则女主外,男主内。而内外的区分,也不必硬性规定为:家庭以外的事或者对外的事,全称为外;家庭以内的事或者对内的事,都叫作内。分工的原则,也以全家人的利益为依据,不以个人的利害为考虑,相信大家也就心平气和地接受了。

夫妻的才能不一样,职责不一样,习惯也不一样。你比较擅长的你去做,我比较擅长的我来做,这样才能以最好的方式教养子女。一般来说,中国向来有严父慈母的说法,就是说,父亲对待孩子要严一些,母亲对待孩子要慈爱一些。父亲严厉是帮助母亲管教孩子,母亲一旦管不了小孩的时候就拿父亲吓唬他:"你再不乖,你父亲回来你就知道后果了!"小孩对父亲有敬畏感,这是父亲很了不起的地方。如果父亲怕得罪小孩,要讨好小孩,那他真是很可怜。

教养子女而不具有相当的权威是无效的,如果你说什么,他都不听,你就毫无办法。父母的角色可以机动调整,有时候同台演出,有时候一为主一为伴,彼此有默契,才是真正的相互扶持。

第三节 孝敬长辈

为人子女者,对父母的态度,可以用一个字概括——"孝"。《孝经》第一章说得十分明白:"夫孝,德之本也,教之所由生也。"就是说,孝道是修身、齐家、治国、平天下的基本原则。中国人向来重视孝道,"百善孝为先",古时甚至有孝廉制度,以奖赏至孝之人。可惜现在大多数人不能明白孝道的时代意义,因此不能表现出现代化的孝道,甚至将"孝道"这两个字扭曲。

孝是传统美德

中华文化的艺术性重于科学性,很多科学性的东西,到了我国,都变得相当有艺术性。孝道是艺术而不完全是科学,用这种心态来看我们的二十四孝故事,便不致认为荒诞离奇而嗤之以鼻。我们不必追究,哭竹是否真的能够生笋,木像是否真的会流血。只要告诉子女,这些并不是科学论证,而是启发大家,身为万物之灵,必须讲求孝道,否则和禽兽没有什么两样。当然,找一些现代化的孝道题材,供子女参考,效果更好。我们不要借口与国际接轨,打着现代化的旗号,企图将孝道思想从中华文化中去除。大多数外国人在听到中国人的孝道观念和行为时,都会表示激赏和羡慕。很多外国人都愿意领养中国的小孩,他们认为,中国的小孩DNA里有孝顺父母的因子,会给他们亲生的小孩带来正面的影响。可惜他们根本没有想过,对待子女要慈爱,对待父母要孝顺,原本是天经地义的事情。孝道是人类的瑰宝,而不仅是中华文化的宝贝。

现代化的孝道,其实十分简单。首先要对自己的父母有信心,相信父母不可能不爱子女,更不可能害子女。其次要明白天下没有十全十美的父母,就算父母不完美,子女也没有权力去批评父母。现在很多小孩子长大成人之后,就看不起自己的父母,认为他们很落伍,这种行为伤了天下做父母的心，这就是不孝的表现。人们常说，天下无不是的父母，意思是说，天下的父母都会犯错，但是子女没有资格去论断父母的是非。

我们重视孝道，但是我们反对把孝道变成一套完整的制度，强制规范人们的行为。我们始终坚信，人禽之间的分别，最关键的就是孝悌的灌输和执行。现代人解释孝道，大多采取西方的观点，以致严重地误解了孝道的本意。当然，历代的迂儒，使孝道越来越僵化，也扭曲了它的本来的面目。我们必须发扬"虞舜以孝感化父母和弟弟，改变不义行为"的精神，来弘扬高级的孝道。

父母不能强制子女孝顺，而是应该以身作则。我们既是子女的父母，也是父母的子女。如果为人父母，不能在孝道上以身作则，反而迷失了方向，在父母跟前，对自己的子女百依百顺，岂不是直接伤害了父母的感情？我们经常看到，年轻的父母把自己的子女当宝贝似的，一看见就眉开眼笑；可是对自己的父母，却有很多不满。难怪今天的父母，也希望子女长大了干脆搬出去住，免得整天看他们的脸色。

父母要做子女的榜样，因为父母的一言一行都会给子女带来潜移默化的影响。子女的眼睛是雪亮的，父母怎样对待祖父母，等他们长大以后，就以同样的方式来对待父母。这种现世报应，是怎么都逃不掉的。

中国只有孝道，没有慈道；我们只有一本《孝经》，没有"慈经"。没有人敢说，做父母的应该怎么样，只能说："天下的父母辛苦了。"子女没有资格说父母做得不对。孔子只告诉人们怎样做好子女，没有告诉人们怎么做好父母。很多人批评中国人重孝轻慈，其实我们这样做有自己的道理。自己的父母在，不便说怎么做父母，这是中国人的品德修养。你如果说做父母的应该如此如此，你父母知道后，就会认为你在指责他们的缺失。人无完人，父母总有做得不够的地方，而你所讲的难免带有几分理想主义色彩，一般的父母根本做不到，这样就变成了对他们的变相指责。

父母的确很辛苦，不管把小孩教成什么样，都是有功劳的。父母不易做，绝不是随随便便就可以把父母做好的，而且到现在为止，也没有完美的父母。这是中国人为什么没有"慈经"的原因。

子女要牢记父母的恩德，但是不应该去感谢自己的父母。我们说"大恩不言谢"，不是说不用谢，而是说恩情太大，不是说声"谢谢"就可以回报。中国人常说"大恩大德，来生再报"，不要以为中国人是在敷衍别人，而是我们发自内心地认为，这份恩德我们今生今世再怎么努力也回报不完，所以来生继续报答。子女为什么一定要孝？就是因为父母对子女有养育之恩，现在的小孩子开口闭口都是"谢谢爸爸、谢谢妈妈"，这是不对的。如果你给我倒杯茶，我可以说"谢谢"，这样在情感上就互不相欠了。做子女的对父母说"谢谢"，难道想把养育之恩一笔勾销吗？孝的境界要比"谢"高很多。父母之恩是不能言谢的，而是要谨记在心，一辈子不忘记，"谢谢"只是人情。

孩子常常说"谢谢"，父母常常说"我爱你"，这都是形式化的。中国人不能生活在那种形式化、肤浅的氛围里面，我们重视心灵的沟通。比如，儿子回到家，问妈妈："你今天好不好？"妈妈会很奇怪："你有眼睛不会看？我这里肿起来了，你还问我好不好？"这就是走形式，有口无心，对亲人的关怀不是挂在嘴边上的。如果儿子说："妈妈你的腿好像有点肿，我替你揉一揉……"这才是真心的关怀。

问好通常只是敷衍，是客套，不是真心的。一家人要真心，彼此要关怀，不要搞形式，不要把家人当朋友看。西方人是神本位，心中只有神，所以可以直呼父母的名字。而中国人是以人为本，对君对父都有敬畏之心，不敢言其名。据说，观世音菩萨之所以改名为观音菩萨，就是为了避唐太宗李世民的讳，神仙也要让步，更何况人了。杜甫一生不做海棠诗，就是避母亲的讳。

顺并不等于孝

孝道一直以来都是中华文化的精髓，然而从古至今，传统文化都只提过"孝道""孝敬"，却不知何时有了"孝顺"的说法。我认为，这个"顺"字完全颠覆了中华文化中有关"孝"的真正内涵，使得对父辈的盲从有了文化层面的依据，造成许多"父叫子亡，子不敢不亡"的惨剧。曲解中国传统文化，主要是因为中国人有三个毛病：第一，食古不化。看到古人的话，也搞不清楚，就根据自己的理解乱讲。比如，"父父子子"，有人理解成"父亲是父亲，儿子是儿子"，这不是废话吗？第二，不求甚解。很多人，到过日本，就以为自己是日本通；到过美国，就以为自己是美国通。其实他们只知皮毛而已,这都是不求甚解的表现。第三,自以为是。就是说把自己当成权威,他认为是怎样的,事实就应该是怎样的,也不问问自己凭什么。

那这个"顺"字如何来的呢?

孟懿子问孝,子曰:"无违。"樊迟御,子告之曰:"孟孙问孝于我,我对曰:'无违。'"樊迟曰:"何谓也?"子曰:"生,事之以礼;死,葬之以礼,祭之以礼。"

意思是,孟懿子问什么是孝。孔子说:"无违。"后来樊迟问什么意思,孔子回答说:"那就是父母在世时要以礼相待,父母去世后要以礼安葬,以礼祭奠。"就是这个"无违",后来发展成"顺"。子女对父母应该以礼相待,以礼相待就不会无条件地顺从父母去做越礼之事。所以,"无违"是指无违于礼,而不是无违于长辈。

《左传》中记载了这样一个故事:

故 事

晋国大夫魏武子有位无儿子的爱妾。魏武子生病的时候嘱咐儿子魏颗说:"我死之后,你一定要把她嫁出去。"不久魏武子病重,又对魏颗说:"我死之后,一定要让她为我殉葬。"等到魏武子死后,魏颗没有把那爱妾杀死陪葬,而是把她嫁给了别人。魏颗说:"人在病重的时候,神智是昏乱不清的,我嫁此女,是依据父亲神志清醒时的吩咐。"

后来,魏颗带兵打仗,与秦将杜回相遇,二人厮杀在一起,正在难分难解之际,魏颗突然见一老人用草编的绳子套住杜回,使其为魏颗所俘。

当天夜里,魏颗在梦中见到那位白天为他结绳绊倒杜回的老人,老人说:"我就是你父亲让陪葬而你把她嫁走的那位女子的父亲。我今天这样做是为了报答你的大恩大德!"

顺可能孝,顺也可能不孝;不顺可能不孝,不顺也可能孝。比如当父母让你做不正当的事时,你应该怎么做?在这种情况下,听从就是不孝,但不听又要被责骂,怎么办?

妈妈对小孩说:"我刚刚回家的时候,看到路边有人在盖新房子,你去偷两块砖回来。"小孩答应着，就去了，但他没有拿。过了一会儿，他空手回来，妈妈问："不是让你去偷砖吗？怎么没拿回来？"小孩说："我去的时候，看到有几个大人站在那里，我不敢进去，就没偷成。"

这样的话，既没有"顺"，也做到了"孝"，一举两得。所以说，有时候不听话才是"孝"，有时候听话才是"孝"。我们一定要孝，不一定要顺。

故 事

曾子芸瓜而误斩其根，曾皙怒，援大杖击之，曾子仆地；有顷苏，蹶然而起，进曰："曩者参得罪于大人，大人用力教参，得无疾乎！"退屏鼓琴而歌，欲令曾皙听其歌声，令知其平也。孔子闻之，告门人曰："参来勿内也！"曾子自以无罪，使人谢孔子，孔子曰："汝闻瞽叟有子名曰舜，舜之事父也，索而使之，未尝不在侧，求而杀之，未尝可得；小棰则待，大棰则走，以逃暴怒也。今子委身以待暴怒，立体而不去，杀身以陷父，不义不孝，孰是大乎？汝非天子之民邪？杀天子之民罪奚如？"

这个故事是说，有一次，曾子一不小心碰断了瓜根，曾子的父亲很生气，拎起拐杖就打。曾子被打昏在地，很久都不省人事。等他醒来后就马上站起来，想让父亲知道他没事，并去跟父亲请罪："刚才犯了错，惹您生气了。希望您不要因为这事而气坏了身子！"回到自己屋里，还怕父亲担心出手太重，便坐在房间里抚琴而歌，好让父亲知道，刚才的事没伤着儿子，他心里很平静，对父亲没有什么怨尤。但孔子教训曾子说："你没听说过舜的父亲是个眼瞎而又愚昧的人吗？舜用心侍奉他的父亲，如果他父亲要使唤他，舜好像时刻就在身边一样，但父亲听信继母的逸言想要谋害他时，却总是找不到。小鞭子打几下就挨着，大棍子打过来就赶紧跑开，不能因父亲冲动而伤害自己。而你主动站在那里让父亲用大棍暴打，如果被打死了，既陷父亲于不义，也置自己于不孝。你难道不是天子之民吗？你被打死了，你的父亲就杀了天子的臣民，这不就是犯罪吗？世上还有比这种不道义、不孝敬的行为更过分的吗？"

这是孔子的无可无不可的道理。做儿子的，爸爸打你时，要很冷静。看爸爸拿的东西会不会打死人，他是不是很生气。如果会打死你，你赶快跑；

如果不会把你怎么样，就让他打。顺的时候才是孝，你就要顺；不顺的时候才是孝，你就要不顺。老实讲一个老人会慢慢地跟社会脱节，越来越不了解社会的状况，那他说的话，儿子为什么一定要听呢？如果父母的交代是合理的，你没有理由不听；如果父母的交代是不合理的，你不可以顶撞他们，可以嘴上答应，但一直拖，拖到最后父母说"算了"，就不了了之了。

子女没有资格教训父母，但是要帮助父母来了解现实状况。如果父母自己改变了想法，你就是孝顺；如果父母因为你而不得已改变，他们就没有尊严，你就是不孝。人是需要尊严的，否则活着就没有意义、没有价值。

敬是孝的根本

我们光有孝还不够，还要加上一个"敬"。如果一个人对父母不恭敬，那就是不孝了。子女长大以后，孝都来不及，还要让父母感觉到很惭愧，感觉到他们很不如你，感觉到他们不长进，那要这种子女干吗？有的子女一有钱，就开始看不起父母："你们怎么总是这么寒酸，给你们钱，缺什么买什么。"如果以这种态度对父母的话，就算你为他们提供锦衣玉食的生活，也是不孝。

我亲眼看到的，一个很成功的企业家，把他年迈的父母请到高级饭店去吃饭，但是两个老人家一点也不高兴。因为做儿子的很神气，赚了钱在父母面前炫耀，显得父母很土。而且这个企业家很不会说话，一坐下就说："这家饭店我很熟……"他父母就想："你很熟，你都吃腻了，才请我们来，是什么意思？"然后企业家又说："我来给你们点几个好菜。"其实他点的菜，他父母都不喜欢吃，他们心里想："没有经过我们的同意，你说好吃，我们就说不好吃。"

企业家的做法不惹父母生气才怪！聪明的儿子应该这样做：儿子对父母说："这家饭店我也是第一次来，以前只是听人家说好吃，不知道是不是这样。"父母听了会很高兴："你看你一听说就带我们来了，真有孝心。"儿子又说："我也不知道有什么好菜，我们能不能问服务员，因为他比较熟。"然后让服务员推荐几个适合老人口味的菜。其实老人家一般不懂新式菜品，但是儿子孝顺，他们吃每道菜都会觉得很好吃。

那个企业家不会做人，做到这个地步，就是他不懂中国人是非常敏感的。比如，你买礼物回家，一定要说，"这是比较便宜的，所以才买回来"，父母才会安心。你若说："这东西特别贵，我特别买给你们的。"父母就会说："我们不要，我们要那么贵的东西干什么？"美国人都是买最贵的东西给父母，中国人买的东西明明很贵，也说"刚好碰到打折，本来很贵，但是现在很便宜"。中国人的心理跟西方人不太一样，我们现在都读西方人的心理学，回过头来完全不懂中国人的心理，这是我们很大的遗憾。

敬是孝的根本，如果不敬，就谈不上孝。爱是感情的表现，敬才是理智的态度。爱而不敬，很容易怠慢。子女对父母怠慢，便是心中没有父母的存在，根本就是把父母当作外人看待。孔子说得好，如果只是拿食物供养父母，和饲养犬马有什么两样？供养父母时，子女的心中必须充满了敬和爱，以父母能够享用自己所敬奉的衣食为最大的快乐。在日常生活中，无论为父母做事，或者侍奉饮食，都应该诚恳，完全心甘情愿，没有丝毫的勉强。

适时回报父母

父母悉心养育子女，并不是一种投资，从一开始，就没有打算让子女回报，但是，子女要有回报父母的心，不要以为这一切都是理所当然的。"羔羊跪乳，乌鸦反哺"，人必须自食其力，以回报父母。俗语说得好："好男不吃分家饭，好女不穿嫁时衣。"分家饭是父母祖先的遗产，嫁时衣指父母所赠的衣物。这两句话的用意，即在勉励成年的子女，要有自食其力的勇气，不能够存有依靠父母余荫的念头。

幼小或少年时期的子女，还没有谋生能力的时候，也应该懂得自食其力的道理。就算父母经济富裕，也不图闲逸、不怕劳苦、不贪吃美味的食物、不贪穿漂亮的衣服。在经济寻常的家庭中，子女更应该分担家事，帮助父母做一些杂务。

当子女长大成人，父母年迈体弱以后，有些父母未必能够自食其力。这时候子女就应该反过来奉养父母，并且要出乎恭敬的心，使父母有面子地接受。而不是像还债那样，表现出心不甘情不愿的样子。更不应该在父母跟前，显得自己比父母有办法，或者把自己的子女，看得比自己的父母更为重要。

孝顺的子女应该主动为父母分忧解劳，使父母衣食无忧，得以安享余年。这只是对父母最低限度的报答，子女应该尽力去做，不能够稍有应付的念头。

回报父母应该尽早，以免造成"子欲养而亲不待"的悲哀。人们应该从小就培养这种观念，让年幼的小孩多为父母做一些事情。譬如父母回家，替父母拿出换穿的拖鞋，再把换下来的鞋子收起来；父母看完的报纸，小孩帮着收起来等。稍大一点的孩子可以做重一点的家务活，只要力所能及的事，就应该多担当一些。千万不要贸然做能力以外的事，否则可能把事情弄糟，害得父母反而付出更大的精力善后。当父母的应该指导孩子多做一些家务事，但是现在很多父母却走入另一个误区：让小孩做家务，然后给他钱。这样做非常不好，父母可以给子女零用钱，但是不要跟劳动联系在一起。这样做，只会导致一个后果：哪天你从外面回来，对自己的孩子说："我今天特别累，你帮我洗碗，我今天给你五块，怎么样？"结果你的孩子说："我今天更累，我不想赚这五块，你自己去洗吧。"父母平时老是跟子女搞"金钱交易"，子女就会用金钱来回复你，父母与子女之间容易形成赤裸裸的金钱关系。做家务给钱是美国人的做法，美国人从小就去打工，从小就去赚钱。中国人不要这样，这不是提升人性，而是贬低人性。

孔子说，子女关注父母的健康，是孝道的表现。子女固然希望父母长寿，却也应该顾虑父母的年龄逐渐增大，难免身体越来越衰弱。特别是年老的父母，更应该节劳颐养，享受天伦之乐。这时候子女最好对老年人的保健卫生多一些了解，调节父母的饮食和劳逸，或者实时对父母提出劝告，使父母能够健康、愉快而长寿。

父母恼怒责骂时，子女不应该有怨恨的表示。若不幸父母年老久病，卧床三年五载，子女服侍汤药，清除便溺，洗涤衣服被褥，十分辛苦，而父母久病难免脾气暴躁，动不动就斥责辱骂，子女也仍须和颜悦色，毫无怨言才对。

心中牢记父母

孟子在《离娄篇》说过，世俗所说的不孝，大约有五种：一是手脚懒得劳动，不肯做事，也不能供养父母。二是喜欢赌博下棋，爱好喝酒，不顾父母的生活。三是贪得货财，私心妻子，不愿供养父母。四是放纵耳目的欲望，嗜好声色娱乐，致使父母受辱。五是倚恃勇猛有力，喜欢和人家打斗争讼，以致危害父母的安宁。

做子女的应该心中时时有父母的存在，不要让父母为了自己而操心。孔子说，做子女的，只能够在生病的时候，让父母担心。除了这种特殊情况，平日都应该守分、自律、自爱、自重，以免父母操心。古人说："父母在，不远游。"就是说，父母年纪大，随时可能发生意外，做子女的应该随待左右，不要为了个人的利益而离开。若是迫不得已，也要提前跟父母打招呼，免得他们担心。比如说，你突然对他们说要出国，他们就会很牵挂。如果你提前对他们说，他们就有了心理上的准备，也不至于感到太突然。人与人相处要靠这些细节维系感情，如果爸爸打电话找儿子，才知道儿子已经出国了，那算什么家人？家人就是要彼此支援、彼此关心、彼此劝告、彼此帮忙的，要不然有什么用？

子女孝顺父母，不但要在物质上提供帮助，而且应该在精神上使父母觉得欣慰喜悦。孟子把物质上的奉养，称为养口体，属于下孝；精神上的奉养，称为养心志，才是上孝。孟子以曾子为例，说明侍奉父母的正道。他在《离娄篇》这样描述：从前曾子奉养他的父亲曾皙，每餐必定有酒有肉。等到吃饱饭，要把剩余的酒饭撤走，一定要问这些剩余的给谁吃。如果曾皙问起还有多的没有，曾子也必定回答：还有。曾皙去世以后，曾元这个孙辈就没有这么恭敬。曾元奉养曾子，每餐也照样有酒有肉，但是要把剩余的酒肉撤走时，并没有问要给谁吃。而当曾子问到还有没有时，曾元的回答是：没有。孟子认为曾子的恭敬，才称得上养心志。而曾元的奉养，不过是养口体罢了！

曾子以孝闻名，他认为，子女有所作为，使父母享有美名，才算是大孝。大孝即永久维持孝心，也就是不论父母在世与否，都能够心目中有父母，终身不敢使父母蒙上耻辱。

现在的子女，只知道有自己，不知道有父母。以自我为中心，想做什么就做什么，完全没有顾忌。父母不高兴，祖父母会出面打圆场；父亲不喜欢，还有母亲会支持，以致只要我喜欢，想怎么做就怎么做，有什么不可以？殊不知就凭这句话，便把自己害死了。

子女心目中有父母，最具体的表现，即在好好做人，不让父母生气，不使父母受辱。长大以后，更应该奋发图强，有好的成就，以显扬父母。以此作为检讨自己的标准，看看自己的孝行是不是合格。

●●● 第四节　教养子女

孔子把人分成三等：中人以上，中人，中人以下。但是，中人的标准是什么很难确定。我认为，人分三种：第一种是万物之灵。周武王提出，人应该成为万物之灵，这是我们中华民族共同的目标，但是现在很多人不但忘记了，而且想把它否定掉。第二种是一般动物的人。如果人不能成为万物之灵，那就是一般动物的人。如果你想着自己是万物之灵，那你就越来越有灵气。第三种是禽兽不如的人。这种人比一般动物的人更可怕。

这三种人，你想做哪一种是你的事情，因为每个人都有选择的自由，法律既不可以规定，宗教也毫无办法，只有诉诸道德。道德是看不见的东西，但是它有力量让你成为万物之灵。

你的子女也可以变成这三种人中的一种，至于最终到底是哪一种，就看你如何培养了。

亲子关系其实是教养关系

亲子关系大致可以分成三种：偏重于朋友关系的，西方人大多如此；偏重于血缘关系的，中国人以前多偏重血缘关系；偏重于教养关系的，我希望现代的中国人偏重于教养关系。教养关系与血缘关系有很大的不同。

我们以前太偏重于血缘关系，最后却变成利害关系。因为胳膊要向内弯，到最后就变得不讲是非。

孔子曾讲过一句话，"父为子隐，子为父隐"，引起很大的争论。就是说，父亲偷了人家的羊，结果有人到他家来调查，那儿子怎么回答？要么承认父亲偷羊，要么替父亲隐瞒，说："我爸爸不是那种人，我爸爸不会偷人家的羊。"在偏重于血缘关系的情况下，儿子做了坏事，爸爸要替他隐瞒；爸爸做了坏事，儿子不能出面举证。

很多人批评孔子没有法制观念，为了亲情，为了血缘，破坏法律。其实，孔子从来没有很肯定地讲过任何事情，这是孔子最了不起的地方。一个人讲话很肯定，总有人赞成，有人反对。孔子的基本态度是"无可无不可"，既没有什么可以的，也没有什么不可以的。如果把孔子的话解释得很僵硬，就是曲解。孔子当年讲这句话，是跟人家谈话的时候说出来的。

叶公语孔子曰："吾党有直躬者，其父攘羊，而子证之。"孔子曰："吾党之直者异于是：父为子隐，子为父隐。——直在其中矣。"

大意是，叶公告诉孔子："我们家乡有个直率的人，他的爸爸偷了人家的羊，他却去官府告发他的爸爸。"孔子说："我们家乡的人不一定这样，爸爸偷人家的羊，儿子不作证，儿子做了坏事，爸爸也不去宣扬。"

孔子没有说非这样不可，只不过提供了另一种选择，儿子也可以去作证，也可以不去作证。

血缘关系慢慢会变成利害关系，为什么？古时候，甚至现在也有这种思想，认为儿子会替自己养老送终，所以重视儿子；女儿反正要嫁出去，所以不重视女儿。以前的手工艺者基本上都有传儿不传女的规矩，这就是利害关系。亲情变成利害关系，就不像一家人了。

无论是朋友关系还是血缘关系，都有其局限性，所以我提倡教养关系。生而不养，是绝对错误的；养而不教，就更糟糕了。很多小孩天生残疾，他的母亲却无怨无悔地照顾他，这才了不起。如果出于利害关系的考虑，把他丢掉就省事了。

所以说，亲子关系是很神圣的，不要掉以轻心。既然把孩子生下来了，就要负起责任养育他。养育不是说要让他过好日子，富家子弟未必成才，往往是穷人的孩子有成就。世界上真正的伟人，大部分都出生于贫寒的家庭。

一个人从来没有经过波折，是一辈子也长不大的。父子把子女封闭起来，保护得很周全，任何疾苦都不让他知道，他将来就会变成一个白痴。中国晋代有个皇帝，一日上朝，有好事者上前奏报："天下大旱，饥民流离失所，饿死者几十万人。"皇帝听罢，大惑不解："好好的几十万子民，如何会饿死？"好事者答曰："因为天旱，粮食绝收，百姓没有饭吃，饿死者已甚十之三四。"皇帝沉思片刻，拍案道："他们没有饭吃，为什么不吃肉？"这不是白痴吗？

案 例

有个学者某一天乘船到对岸去，在船上他问船夫："你懂哲学吗？"船夫老实地回答："我不懂。"学者说："那你失去了生命的三分之一。"又问："你懂数学吗？"船夫说："我也不懂。"学者说："那你已经失去生命的一半了。"忽然一阵大风把船掀翻了，船夫问学者："游泳，你懂不懂？"学者说："不懂！"船夫说："那么，你要丧失你生命的全部了。"

这个笑话就是讽刺那些只知书本上的东西而对生活技能一概不懂的人。一个人要知道好的，也要知道坏的；要知道善的，也要知道恶的，这才是一个比较完整的人。人生是要经过尝试的，只要在安全的范围之内，尽量让小孩去尝试，不要禁止他，但是你不能规定他要做什么。

亲子关系其实就是一种教养关系，你怎么教，他就会怎么表现。亲子关系的形成取决于父母，不能小孩子爱怎么样就怎么样。人类跟动物不同，动物一生下来，就可以独立了，人一生下来若是没有人悉心照顾，一定死亡。所以，人注定是要彼此依赖的，不可能绝对独立。

可能家长们现在满脑子都是要教小孩子独立，独立到最后他会不认你是他爸爸。如果有一天，你的小孩对你说："我不需要你了。"试问，你会作何感想？做父母的，当小孩开始独立而与父母越来越疏远的时候，其实是很心疼的，都会有失落感。

父母是建立和谐的亲子关系的关键，但并不是说父母就可以掌控一切，因为亲子关系是双方面的，你不能替小孩决定一切，所以，父母一定要有正确的观念。比如，不能把小孩教得跟你一模一样。有很多父母是按照自己的样子教育小孩的，自己会的要求小孩一定会，甚至强迫小孩子承父业，这都是错误的做法。他是他，你是你，你没权力决定他的一生。你可以教他一些东西，但他要不要接受是另一回事。

有些父母，小孩不按照他们的意思去做，就采取放任不管的态度，这种态度很不合理。有的时候父母坚持到最后，也可能会成功。所以，孩子不愿意的事，父母过分坚持不对，完全不坚持也不对，坚持到何种程度，要靠父母自己去拿捏。比如让小孩弹钢琴，一开始都是哭哭啼啼的。可是只要他（她）熬过开始的阶段，就可能弹得很好。父母要帮他（她）熬过这一阶段，大音乐家贝多芬就是在父亲棍棒逼迫下才成功的。当然也要看小孩有没有天分，没天分的话，你逼他（她），就是强人所难。

教养关系的结果就是自作自受，你把小孩教养成什么样，都要承受，因为你没法更换。养儿女不同于养宠物：养宠物的话，哪天不高兴，你可以把它赶出去或送给别人；而小孩一生下来，不管他长成什么样，你都要全盘接受。小孩子是会变的，有的小孩一开始很乖，越长大越坏；有的小孩一开始很调皮，越长大越懂事。具体怎么变，你没法控制，只能接受。但是要知道，他之所以会这样变，多少与你有点关系，都是你调教出来的。

父母教养子女不能大意，不能掉以轻心，因为小孩时时刻刻都在变。你不能定期把小孩叫过来，交流一下，那是领导布置工作，是老师定时上课。父母是一生一世的，父母是24小时的，而且全年无休，父母的责任是无限的，明白了这一点，才好调整亲子关系。

教养关系从何而来？从观念来。一切事都是关系的互动，关系是由态度来决定的。

案 例

有一天，有个小女孩跟父母一起出去，小女孩玩得很开心，在前面又跑又跳的。这时，一辆汽车开了过来，爸爸在后面大叫："小心一点！"那个小女孩完全不理会。爸爸一直在后面喊，可是小女孩就是不听。结果小女孩被车子撞倒了，进了医院。事后，爸爸就对小女孩说："我叫你小心一点，你怎么就是不听？"小女孩说："爸爸，你每天回家叫我拿拖鞋，也是这么大声喊的，所以刚才你说'小心一点'，我以为你又要我拿什么东西了……"

你平常吩咐小孩做什么事的时候，应该把声音降低一些。有危险的时候，你提高音量提醒他（她），他（她）才会有反应。你平常也是大声对他（她）说话，遇到紧急事情，你大声提醒他（她），他（她）肯定会置若罔闻。

一切都是父母造成的，怪不得小孩。小孩也一样，也要自我检讨，要学会察言观色，否则就会挨骂。子女要乖巧，父母要关心，加强互动，关系才能和谐。

一个人出生在什么样的家庭，碰到什么样的父母，都是无法选择的。每个人的福分不一样，你不能求同，也无法求同。因为天底下没有两个相同的爸爸，也没有两个相同的子女。人是有个体差异的，如果每个人都一样反而不好。

儿孙自有儿孙福，你怎么教他（她），他（她）都不思进取，那是他（她）的事情，你尽心就好。做父母的，把该做的都做了，该调整的都调整了，至于小孩怎么样，那是小孩子的事情，谁也管不了。

调整要从实际的状况开始，做父母的要把自己的观念搞清楚。观念正确，态度就会合理，关系自然好。你的观念决定你的关系，所以不要一天到晚去重视关系，而是要把你的观念摆正。

为了避免产生疏离感，子女的私事要少管，但是也不能不管，要管到合理的地步。改善亲子关系，就要慢慢调整自己，你要求对方是没有用的。改变别人最好的办法是改变自己。改变自己最好的办法，是改变自己的观念。

教养子女从改变观念开始

其实任何父母都想把自己的子女培养成万物之灵，但是长期以来，父母在教养子女时形成了一些错误的观念，就是因为这些错误的观念，使我们无法达到目的。

第一，把"爱"放在嘴边上。中国人疼爱小孩不能说出来，西方人疼爱小孩一定说出来，这是文化的不同。不是中国人不敢讲，而是中国人知道不讲比较好。比如母亲节的时候，小孩问："妈妈，母亲节到了，我送你什么礼物？"相信没有一个妈妈会要求小孩送什么，都说不要。如果小孩真的没有送，到了母亲节，妈妈就会一脸的不高兴。那妈妈为何不干脆告诉儿子，自己要什么？妈妈会说："真的要我说出来，那我儿子就惨了，我想自己搬出去住，让他给我买一套房子，他根本做不到。他应该自己会想我需要什么。"这才是中国人，你有没有诚意，别人一看就知道。

爱子女是母鸡也会做的事，是动物的本能，我们常说"虎毒不食子"就是此理，所以不应该把爱挂在嘴边上。过于强调爱，就会宠坏子女。

什么叫作爱？爱就是给他相当的限制。所以爱子女真正的意思，就是要给子女适当的限制。我们过分地宠爱子女，只给他爱，没有给他限制，是 20 世纪最大的祸患，也是亲子教育最大的杀手。因为子女需要亲情、爱情、同情，更需要父母的教导。为什么小孩子不懂事？就是因为他没有什么知识，他对整个世界不是很了解，我们比他年长，我们比他有经验，所以我们有责任要教导他，自己的子女不教，那谁来教他？

爱子女只是亲子关系的基础而已，不是全部。很多人以为爱小孩就是要满足其物质上的需求，满足其精神上的需求。其实，温室里的花朵是经不起风吹雨打的。你现在满足小孩的所有要求，将来他一踏入社会就会无所适从，因为没有人会把他当成心肝宝贝。最近社会上形成一种不容乐观的现象——6+1 症候群，即祖父母、外祖父母加上父母共六个人，围着一个小孩子。这个小孩子自然被视为掌上明珠，万千宠爱于一身。中国有句话，富不过三代。就是说，人一旦有钱，就会宠坏自己的子女，使他们从小就生活优越，衣食无忧，他们自然就没有把家业发扬光大的理念，坐吃山空，到了第三代以后，就会把家业败光。

你要记住，你的小孩不是上帝。凡是出生在人类家庭里面的，都是很平凡的人，只把他当平凡人看待好了，平凡人就要受到限制，没有特权，其愿望不可能完全得到满足。我们爱护子女就是要让他去面对各种不同的情况，让他有一些复杂心理，有一些矛盾。

设限制就是要让人们自律。自律就是要想让子女自己管好自己，父母就要先管好自己。自律其实是自爱的表现，西方人讲爱，是讲爱人，中国人讲爱很少讲爱人，而是讲自爱，不自爱谁都拿你没有办法。一个不懂自爱的人，哪有资格爱人？一个人先爱自己，使自己全身都充满了爱，才有多余的爱去爱别人，这叫作推己及人。一个不爱自己的人，心里根本没有一点爱，他讲的爱都是空的。

一个自爱的人，不会把爱挂在口头上，因为他真实地了解到爱是什么。

爱就是关怀，就是关心，就是替别人着想，就是会规范自己。为什么几个人一起进门要让来让去？这就是自爱。很多人搞不懂，说这是浪费时间，是虚伪的表现。不懂的人就叫它虚伪，懂的人就知道它是有道理的，而这些道理要及早教给你的子女。孩子小的时候，不要急于教他科学知识，这些知识，以后他有兴趣自然会去学。父母应该早点灌输子女一些他一生受用的东西，比如人们没有充分的自由，只有限制的自由，不能说我爱怎样就怎样。中国被称为礼仪之邦，因为我们懂得谦让的道理。我们不能放纵小孩，因为社会是不容许人们放纵的。

第二，把孩子培养成美国人。现代中国家庭的一大危机就是中国的父母拼命把自己的小孩培养得像美国人。殊不知，美国人有美国人的生活方式，中国人有中国人的生活方式，二者大不相同。美国小孩的出生证明上只有母亲的名字，而中国小孩的出生证明上清楚地写上父母的名字。因为美国的医生只是亲眼看见小孩是哪位母亲生出来的，而不知道他的父亲是谁。其实这种做法是很科学的，不过我们的做法也没有错，只是文化不同而已。

中美两国人的生存环境、观念、生活习惯都不相同，所以我们无法学习他们的生活方式。可是，有些人认为美国样样都好，所以从小让小孩学英语，造成很多小孩英语讲得很好，中文却讲得很差，那他还像中国人吗？

小孩子既学中文，又学英文，结果没有一样精通，就会变得不伦不类。你把自己的小孩培养成美国人，那你百年之后，如何去面对自己的祖先？一个中国人不会讲中国话或讲不好中国话，都是对不起祖先的。

把孩子教育成美国人，他就会以美国人的方式与你相处。美国人的父子之间关系很生疏，相处得好的，就像朋友一样，相处得不好的，就和陌生人一样。现在很多人宣扬，父母要做孩子的朋友。我非常不赞同这种观点，如果爸爸成了孩子的朋友，那这个孩子就是天底下最不幸的人，因为他多了一个年纪大的朋友而失去了爸爸。朋友是可以换的，哪一天他不高兴就连爸爸也换掉了，因为他跟你没有父子之情，只有朋友之谊而已。

在美国，如果一个小孩对他妈妈说："你是我的好朋友。"他的妈妈会很高兴："是的，我们是很好的朋友。"而此事如果发生在中国，他的妈妈会很生气："我是你妈妈，我不是你的朋友。"我无法强迫你采取哪种培养方式，但是过分偏向于前一种方式，迟早你会自食恶果。

第三，把子女培养成最优秀的人。不要总是想着把子女教育成最优秀的，天底下需要有各种各样的父母，也需要有各种各样的子女。因为我们的社会需要形形色色的人，这样社会才能协调。如果每个人都成了博士，那还有谁会去打扫卫生呢？古人也说："我劝天公重抖擞，不拘一格降人才。"我们没有必要把小孩培育得一模一样，也不可能把子女培养成一模一样的。就算是孪生兄弟，也有不同。所以，我们要从事实出发，亲子关系是很自然地培育而成的。你尽心尽力地想要和儿女好好相处，他未必领情。为人父母者，最好自己是什么样就是什么样，子女是什么样就让他保持什么样。二者通过互动，彼此迁就，共同成长。

同一棵树，会结出酸甜不同的果子；同一个老师，会教出良莠不齐的学生。孔子弟子三千，贤者只有七十二人。你有缘追随孔子，都不一定学得很好。所以我们要用平常心来看待亲子关系，把出发点搞清楚，把观念理清，尽力而为就好，最重要的是顺势而为。有人为了把亲子关系搞好，当面对孩子忏悔自己的过错，这是人间的不幸，做父母做到这个地步，不如不做。

子女是父母所生，但是不为父母所有，父母只有教养权。孩子是上天的，上天把一个孩子托付给一对父母就是要他们好好将其教养成人，至于要怎么教养，每一个家庭都不一样。如果用统一的方式来教养小孩，结果使整个社会的人都一样的话，这个社会是要毁灭的。社会要多元，人类的生活要多彩多姿，所以我们需要各种各样的人，不可以每个人都一样。

不要拿你的儿女同别人家的比，不但无法比，而且不需要比。人一出生，身高体重都不一样，怎么比？强求自己的子女跟别人家的一样，这是做父母烦恼的一个原因。

我们只需要把他培养成一个很独特的人就好。小孩子出生以后，他的资质跟别人不一样，他的身高体重跟别人不一样，他的兴趣也跟别人不一样。每一个小孩都是独一无二的，都是不能取代的，都是与众不同的，要有这样的观念，因为这是事实。每个人的潜能不一样：有人很会说话，有人就是不喜欢说话；有人很会做事情，有人就很会偷懒；有人很会表面功夫，有人就很实在。这是天赋不是性格，如果是性格的话就很不容易改，如果是习惯的话就可以改。

父母再了不起，也不可能改变你的子女；老师再了不起，也改变不了你的学生。除非学生自己改变，否则老师拿他一点办法都没有；除非你的子女自己改变，否则你拿你的子女一点办法都没有。想办法让你的子女自己改变，而不是去改变他，何况你也改变不了他。

子女要成为什么样的人，是他决定的，不是父母决定的。但是我们可以引导他，给他参考，给他指引方向，帮助他成长。

父母把子女养大，需要尊重他的权利，只能启发他，不能够灌输他，不能够把自己的想法移植给子女。父母一方面要顺应自然，另一方面要提供他选择的机会，因为小孩不了解自己。对小孩来说，父母稍微霸道一点，专制一点，也有好处。有人提倡让小孩自由发展，那他最喜欢天天玩，不读书。小孩生下来就什么都不懂，所以才需要父母的指点。

亲子关系搞不好，人们常常把错都推到父母身上，而认为小孩没有错。我从不这么认为。小孩子是天生的破坏者，你不去管他，他就会把一切搞得一塌糊涂，从没有小孩主动把家里收拾得整整齐齐的。

孩子需要父母的照顾和管教，他才会长大成人。如果孩子生下来就是完美的，世界上就没有教育这个词了。父母对子女来说，是不可取代的；子女对父母来说，也是不可取代的。

第四，把教育的目标定得很低。很多人一直批评我们中国人把教育的目标定得太高了。但是不要忘记，"取法乎上，仅得其中；取法乎中，仅得其下"。父母一定要把目标定高一点。很多人批评说，望子成龙、望女成凤是不对的，我不这么认为。对待孩子，我们总要给他一些鼓励。全世界人都会认输，只有中国人向来不认输。美国人输了，一般会剃光头；日本人输了，一般会切腹自杀；中国人输了，会走第三条路——忍辱偷生，等将来东山再起。

中国人从不这么教小孩："儿子呀，你祖父一辈子没有出息，你爸爸也很无能，我看你也不行，算了吧。"中国人只会这么说："儿子呀，你不要看你祖父不行，他是被奸人所害；你不要认为你爸爸不行，他是走霉运。他们两个都很有本事，所以你也很行。"

父母若是对自己的小孩没有信心，还对谁有信心？中国人绝不向命运低头，不接受命运的摆布。一个不认输的民族是很可敬的，你看我们五千年来起起落落，但我们不灰心，跌倒了总有爬起来的一天。所以，父母教育孩子，一定要把目标定得高一点。但是，他做不到，我们不要勉强他，望子成龙、望女成凤，不是逼子成龙、逼女成凤。记住，子女是天才，你压制不了他；不是天才，你也帮助不了他。

第五，拒绝子女回馈自己。很多人说养儿育女就是为了防老，父母老了以后，儿女会回过头来照顾父母；有人说这样的观念不对，儿女有儿女的事，父母有父母的事，儿女没有责任来照顾父母。这是两种非常极端的说法，我觉得都不可靠。如果父母一定要儿女回馈，那就叫作爱必强求。今天我对你好，将来你一定要对我好，今天我全心全力栽培你，将来你赚了钱，你就得回报我，这是一种投资放债的行为。

亲子关系不应该有这种观念。台湾地区有个企业家很成功，他说："我妈妈是最会投资的人，她看准了我，所以在我身上投资，我现在很成功，她也得到了很大的回报，所以她是最佳投资者。"这种人是非常不孝的，他把母亲对他的关爱看成一种投资，这是对母亲的一种侮辱。父母对子女是无私的奉献，没有要求回报。

但是父母对子女说："我们老了，你们也不用管我们，你们过好日子就行。"这也是不对的。老实讲，人十年、二十年后会变成什么样子，谁也说不准。现在父母有能力照顾自己，但是等到年纪大了，身体不行了，肯定需要别人的照顾。可是请谁照顾，都不如自己的儿女可靠安全，所以养儿防老不是坏事情，但是强求就不对了。

养儿要不要防老，应采取一种合理的解释：如果把它当作是儿女孝心，那是天底下最可贵的东西。不管父母有没有钱用，子女按月送去生活费，这是他们的孝心。父母不应该推辞，坚决不要对子女是很残忍的事情，因为断了子女表示孝心的门路。天底下大部分的老人的日子都是不太好过的，他们年轻的时候没有任何积蓄，所有钱都花在子女身上，只希望子女长大成人对社会有贡献，子女应该饮水思源，应该想一想父母的大恩大德。

每一个人都应该反思一下，我们能够有今天，不是一个人的功劳，要父母、亲友、同学、老师……太多的人来成全我们，否则不可能成功。如果没有父母，你不可能有今天；如果没有兄弟姐妹，你不可能有今天；如果没有国家社会，你也不可能有今天。我倒希望每个人都有这样的想法，所以我们首先要回馈的就是自己的父母，然后我们想办法去照顾别人，多做一些公益慈善的事。

在这种情况下，子女应该要有奉养父母的心，但是父母不可以强求。

老实讲，很难得子女有孝心，你不可以很残忍地去斩断子女孝顺的门路，那是不对的；你也不可以强求，那会给子女制造很多苦恼。

我们要尊重每个人的处境，要尊重每个人的做法。既不可以强制规定你要，也不可以强制规定你不要，这就是孔子无可无不可的精神。子女要表示孝心就表示吧，多就多，少就少，无所谓。父母不可以说："为什么弟弟拿得比你多啊？你做哥哥的拿这么少怎么可以。"这完全像在做生意，哪里还像一家人？

对于子女，我们要把他们培养成万物之灵。我们今天有很多观念是错误的，因为很多道听途说的东西，我们就信以为真了。结果受害的不仅仅是子女，而是全家人。如果说你的小孩不可能成为万物之灵，那你最起码也要把他教育成一般动物一样，千万别把他培养成禽兽不如的人。

父母是亲子关系的主导者

父母是子女出生以后首先接触到的"环境"，对于子女的成长和学习，具有十分重要的作用。父母对于子女的一生，影响非常重大，近朱者赤、近墨者黑。父母的日常言谈和举止行为，与子女的性格和教养具有非常密切的关系。中国人喜欢说"龙生龙，凤生凤，老鼠生儿会打洞"，初听起来好像遗传是无法改变的，实际上和后天的教养关系极为密切。教养子女，父母最好从自己着手，先改变自己。

中国的父母有三种不同的形态：一种叫"神父母"。很多父母都把自己当成神一样，法力无边，要小孩怎么样就得怎么样。听我的，我给你好处；不听我的，我就惩罚你。把自己当神的父母，其实很傻。

在子女幼小时，"神父母"的确具有相当威力。等他慢慢长大以后，他就开始不相信父母了。就好像科学发展以后，人类就不太相信神了。这样的父母最好反省一下，为什么在子女面前要当神呢？

其实这种父母还算可爱，有一种父母比较可怕，叫作"鬼父母"。神跟鬼有什么不同？鬼是不择手段的，神还有顾虑。"鬼父母"不择手段，不顾子女的感受，他们要怎么做就怎么做。子女不听话，就很严厉地来惩罚，非逼子女就范不可。

"鬼父母"动不动就威胁、恐吓，使子女生活在恐惧中，只能完全服从命令。子女的心中，时时有雷电的预感，而且知道父母的雷电随时会打下来。他们不敢期望晴空万里，也不敢期待风和日丽，却一心一意期望雷电早一点出现，也早一点结束，然后再心惊胆战地等待下一次雷电的来临。这样的"鬼父母"，不是把子女整死，就是逼子女远离自己。

　　"神父母"的小孩很无奈，"鬼父母"的小孩很无助。一个人有了无助感，注定一辈子没什么前途。这种无助感并不是与生俱来的，却是不折不扣来自于"鬼父母"的高压和恐惧。

　　"神父母"有爱心，却要求子女百依百顺。"鬼父母"缺乏爱心，却也要求子女绝对服从。这两种父母，都不可能培养出和谐的亲子关系，使子女安心地生活，所以我们最好规规矩矩地做"人父母"。我们应该把子女当作人来教养。首先我们自己要像个人，不要把自己看得太神了，也不要变成鬼。在我们的观念里，人死了以后可能变鬼，可是活着的就是人，为什么要做鬼呢？

　　有很多人很不安分，放着好好的人不做，要么做神，要么做鬼，就是不做人。既然是人的家庭，就应该以人的互动来构建我们的亲子关系。爸爸是人，妈妈也是人，子女也是人。

　　什么叫作人？人自己能够做主，如果不能做主，基本上就没有人的尊严。所以我们要给小孩自主权，不过你要帮助他做到自主，否则他没有自主的能力。比如，在子女小的时候，你拿玩具给他，一定要告诉他，这个玩具只能做什么用，玩过以后要放在什么地方。然后你放心地让他自主玩，他自己拿去玩，自己放回去，你就成功了。如果你没有教他，却要求他自主，那你是把他当神了。

　　可惜我们的父母要求孩子提早学习，结果只教他们生活中用不着的东西。人是习惯的动物，我们一生旨在培养一些良好的习惯，其他的都不重要。只要小孩有很好的习惯，他到哪里都受欢迎，人们都乐意帮助他，他随时可以学到很多东西。

　　子女有两种本性。按迷信中的转世报应的说法，一种是来报仇的，一种是来报恩的。我们不相信迷信，但子女的这两种本性的区分对父母及家庭会有不同的影响。如果你的小孩是来报仇的，你拿他没办法，这是典型的败家子。好像没有一个父母喜欢败家子，但是你无能为力，改变不了。

另外一种是来报恩的，父母身体不好，他全心全意地照顾；父母很穷，他很会赚钱，来补贴家用，使父母过得很愉快；父母名声不好，他会把整个情况逆转过来：这种小孩实在难能可贵。

那怎么判断自己的子女是来报恩的还是来报仇的？其实你根本搞不清楚他是来报恩的还是报仇的，因为有的小孩是用报恩的方式来报仇，而有的小孩是用报仇的方式来报恩。比如一个小孩非常乖巧，非常活泼可爱，很得父母的欢心，父母对他也很有信心，要把他栽培成有用的人，等他长到13岁那一年，他却得急病死掉了。老实讲，如果小孩很差，很不听话，父母还不会那么伤心。这样的小孩一直表现出报恩的样子，得到父母的欢心后，用死来报仇。相反，有的小孩从小就很顽皮，不听话也不读书，经常惹父母生气，但是等到父母老了以后，只有他陪在身边，因为会读书的都出国了，只有不会读书的留下来。这时才会发现，那些会读书的才是来报仇的，而这个不会读书的是来报恩的。

小孩是来报仇还是来报恩的，只有最后才知道。就算你一眼看出小孩是来报恩的，你对他很好，结果把他宠坏，那他也会变成报仇的。但是小孩明明是来报仇的，可是你无微不至地照顾他，全心全意地栽培他，结果他很感动，连报仇的念头都没有了，就变成报恩的了。所以当父母的，不要去管你的子女是干什么来的，既然是自己家的子女，就要好好教导他，把他引导到正道上，他要报仇就报仇，要报恩就报恩，父母尽本分就好。

人生就是如此，重要的是过程，不是结果。人生只有一个结果，我们应该享受一分一秒的过程，而不是等待死亡的结果。小孩是报恩的，你要承受，小孩是报仇的，你也只好去承受，所以，我们要放弃判断他是报仇还是报恩的念头。我们只能合理地对待他，希望他也能合理地对待我们。至于将来怎么样，没有人控制得了。

父母对子女不能挟恩求报，你不能对子女这样说："我这么辛苦，你还不好好学，你对得起我吗？"父母照顾小孩不是施恩惠，你勉强他，就是强制他，最后他会怀恨，自然会想到报仇了，这就是自作自受的道理。

父母应该想办法，让子女自己去改变，我们没有办法改变他，只能尽我们的心，尽我们的力。对待小孩最好的态度是既来之则安之，既然生在我们家，不管他长得美丑，不管他是男是女，不管他将来会怎么样，你都要使他合理地成长。

教育子女要从其立场出发

"养不教,父之过",为人父母者应该如何教育子女呢?有人说,"棍棒之下出孝子",我不主张打小孩,我也没有主张不打小孩。应不应该打不是问题,怎么打才是问题,所以中国人应该研究怎么打,而不是该不该打。你打得合理,就可以打;打得不合理,就绝不可以打。原因很简单:第一,父母不应该为了发泄自己的情绪去打小孩。第二,有的父母把小孩当出气筒,在别的地方受了气,回来就打小孩,这是在泄愤。站在子女的立场,他肯定是希望不打的,因为没有人喜欢挨打;站在父母的立场,你不打,几乎就是放弃自己的责任。

有的小孩是打过才能成长,有的人是打了也没有效果。就好像鼓一样,响鼓不用重锤,有的鼓你敲破了,也没多大的声响。所以说,乖巧的小孩是不需要重打的,点到即止,他就会有警戒心,会自己管好自己。

体罚没有任何意义,我们要让小孩知道他错在哪里,就尽到父母的责任了。可是有的小孩,你说什么他都听不进去,你打他,他也只知道疼而已。小孩被打得多了,更没有效果,他会认为,反正你要打我,打完就没有事了,完全不会认为自己有错在先。这样,打得再多也没有意义。打不是目的,否则就太残忍了,打是手段,而且是最后才动用的手段,不能轻易去使用。

我的建议是,警告小孩五次,你才可以考虑打。一个小孩做错事,大人不可以放过他,否则就是没有责任心。就算是别人的小孩,你都要尽心去教他,因为他们都是国家未来的主人翁。所有的小孩都是坏的,只有你的小孩好,也没有用,他迟早会被拖累。小孩有过错,父母不要马上板起脸,否则他一紧张,就什么都听不进去。

案 例

有一个小孩,喜欢用彩笔在墙壁上乱画,好好的一堵墙,经常被涂得乱七八糟的。他的爸爸当然很生气,但是他并没有打骂小孩,因为打骂也没有用。要做就做有用的事、有效的事、有价值的事。有一次,小孩正在墙上画,爸爸走过来,笑着对小孩说:"我以前都没发现你这么有画画的天分。"这样一说,小孩很高兴,就容易听进去爸爸要说的话。爸爸继续说:"你好好画吧,画好以后,这个星期天我们拿过去给你爷爷看看,看你画得好不好。"爸爸这样说,小孩一定这样回答:"爸爸,画在墙壁上,怎么带过去呢?"爸爸"恍然大悟"地说:"对呀,怎么我没想到呢?那要怎么才能拿过去呢?"小孩说:"画在纸上就可以了。"爸爸说:"哎呀,你真聪明,那你就去画在纸上吧。"这样,爸爸的目的就达到了。

　　星期天,爸爸真的带小孩去爷爷家,把画拿给爷爷看,爷爷肯定夸小孩画得好,哪有爷爷不欣赏孙子的?从爷爷家回来以后,爸爸趁热打铁,问小孩还要不要在墙壁上画,小孩说:"不要,画在墙壁上干什么?又不能拿给爷爷看。"

　　所以说,大人讲话要站在小孩的立场上,要让小孩听得进去,你才是成功的。父母应该随时改善子女的行为,但是所用的方法一定要有效。没有效的话,就要自己调整,绝不能因管教无效就放过小孩。如果小孩第一次犯错,你没有批评他,等他第二次犯错,你再批评他,他就会觉得很奇怪:为什么上次可以,这次不可以?他的理解是,你高兴的时候就可以,你不高兴的时候就不可以,他不会认为是自己的错。以后,子女就会渐渐躲着父母,他认为父母一不开心,自己就会倒霉。

　　要知道我们的语言小孩听不懂,我们的动作小孩更看不懂。如果你说小孩偷东西,他觉得很冤枉,因为他根本不知道什么叫作偷。小孩是一张白纸,会慢慢染上一些东西,而不是他与生俱来就会形成某些观念。做父母的,不要跟小孩斗气,也不要跟小孩斗力,得跟他斗智。也就是说,把你的智慧传给他,帮助他开发智力,他自己会学会很多东西。父母的启蒙教育,就是让小孩对事物有兴趣,让他找到正确的方向,让他自己努力,而不是强迫他。

　　父母教子女,就是要帮助他了解什么是错的。如果他打破了杯子,你就打他,他就觉得在父母眼中,重要的是杯子,而不是自己。父母要告诉小孩:"杯子破了不要紧,只是人没事就好。我批评你不是因为杯子破了,而是你做事情不小心。"等到第二次的时候,父母要警告他:"你再打破杯子我就会打你了,因为不打你,你记不住。我不是想打你,而是帮助你记住,你不可以做这种错事。"等到第三次的时候,你要问他:"我说过,犯第三次时要怎么样？"小孩会说："犯第三次要打。"你要说："我打你是为什么？让你记住。这次我不打你，你一定要记住了。"第四次也是如此，等到第五次的时候，那就真的要打了，不然他始终改不了。但是，打的时候要注意，千万不能打伤他。

养育子女别追求物质奢华

对于子女，父母的第一责任是将其养大。由于小孩没有谋生能力，在成人以前，要靠父母的供养。而中国的家庭中，父母往往供养到子女成家立业。

很多年轻人现在都不敢生小孩，因为一旦有了小孩，就想给他最好的生活环境，要花费很多钱。其实，正如人们常说的，"穷人的孩子早当家"，"家贫出孝子"，在贫穷家庭长大的孩子，有出息的比例较高。败家子多来自富裕的家庭，贫穷的家庭很少出现败家子，因为他没有什么东西好败的。

子女需要父母的爱，爱是子女成长的营养，但爱不等于锦衣玉食。父母要在精神上关怀子女，而物质方面其实不必在乎好坏。

有些有钱人脑筋很清楚，因为担心自己的子女从小在优越的环境中长大，将来不能适应贫穷的生活，所以利用寒暑假，把子女送到农村去，让他过贫穷的日子，磨炼一下。一个没有尝过贫穷滋味的人，不可能养成很多好的习惯，因为只有贫穷才能陶冶出很多美德。所谓"英雄不怕出身低"，一个人从小没有过过苦日子，就不会产生很强的抗压性。

一个人小时候家庭富裕，长大后不一定也富裕。从小过惯锦衣玉食的生活，长大后就没有办法吃苦，稍有点不如意，就承受不了。"由俭入奢易，由奢入俭难。"我们宁可让子女一开始过穷日子，让他经历生活越来越好的过程，这样他才会觉得人生是美好的。

父母一定要培养子女有耐力，使他将来比较有弹性。孔子所讲的"随遇而安"，就是说你把我丢在哪里，我都能过得很愉快。这种人弹性很大，适应性很强。父母还要让子女养成好习惯，让他学习一些生活技能，让他懂得做人做事的道理。不要认为生小孩就要让他过好日子，我们尽力而为就行，要让子女跟我们同甘共苦，因为这是我们家共同的命运。

父母在家庭环境方面应该特别注意：房子但求够用，不必讲究豪华。家具以合用为宜，不必要求奢侈，最好安全舒适、整齐清洁。在家里设置酒橱、吧台等娱乐设施，这毫无必要，且不利孩子成长，而最好有阅读区。父母以身作则，每天读书，以培养子女的阅读兴趣。孩子在游戏中长大，所以玩具的选择十分重要。合适的玩具，可以训练孩子的创造力。父母最好慎选玩具和读物，不要把自己喜欢的东西塞给孩子，也不要认为玩具越多越好、越贵越好。

其实，家庭环境再好，也不如家庭和谐重要。家庭条件最好的莫过于皇室，但是大多数的皇宫并不是幸福快乐的地方，皇室成员彼此钩心斗角，甚至相互仇杀，毫无亲情可言。普通家庭与其重视物质条件的提高，不如培养和谐的气氛，更有利于子女身心健康。父母之间轻率地互相责骂，或者怒目相向，甚至于出手伤人，都会给子女造成不好的影响，长此以往，会影响子女的心理健康。心理学家认为，父母在生气时的所作所为，也许一转眼就忘记了，但是子女仍会记在心里，久久不能忘怀，从而产生不安或不幸的感觉。因此，父母有什么问题，最好避开子女商量解决。在子女面前，尽量维持和谐的气氛。

在教养子女时，父母要用中国的伦理加上西方的科学，才有成效。伦理道德是看不见的，科学是具体可见的。父母应该运用科学的方法，遵循伦理的精神。